정치,
최대한 쉽게 설명해 드립니다

POLITICA PARA AMADOR by Fernando Savater

© Fernando Savater, 1992

© Editorial Ariel, 1992

Korean Translation Copyright © 2019 by Ewha Books

All rights reserved.

The Korean language edition published by arrangement with
Editorial Ariel c/o Editorial PLANETA, S.A. through MOMO Agency, Seoul.

더불어 사는 개인을 위한

정치, 최대한 쉽게 설명해 드립니다

초판 1쇄	펴낸 날 2019년 10월 28일
초판 2쇄	펴낸 날 2022년 10월 11일
지은이	페르난도 사바테르
옮긴이	안성찬
발행인	육혜원
발행처	이화북스
등 록	2017년 12월 26일(제2017-0000-75호)
주 소	서울특별시 마포구 월드컵북로 400 서울산업진흥원 5층 15호
전화	02-2691-3864
팩스	02-307-1225
전자우편	ewhabooks@naver.com
편집	함소연
디자인	책은우주다
마케팅	임동건
ISBN	979-11-965581-8-5 (04300)

네 인생을 정치하라

더불어 사는 개인을 위한

정치

최대한 쉽게 설명해 드립니다

페르난도 사바테르 지음

안성찬 옮김

이화북스

세상은 이제 엉망이 되어 버렸다.

아, 저주받은 운명이여, 내가 그걸 바로잡기 위해 태어나다니.

_윌리엄 셰익스피어, 『햄릿』

세상의 모든 진지한 문제들에 웃음을 잃지 않는 방법

정치? 따분한 헛소리!

아마도르, 내가 이 책을 쓰게 된 데에는 너와 나, 그러니까 우리 두 사람 모두에게 책임이 있다는 것을 너도 인정해야 할 게다. 내가 이 책을 쓰게 된 건 지난번에 쓴 책 『윤리, 최대한 쉽게 설명해 드립니다』의 마지막 장(윤리와 정치의 관계에 관한 장이었는데, 기억하고 있겠지?)에서 우리의 세계가 구성되고 해체되는 원리에 대해 다른 책에서 계속 이야기해 보자고 약속했기 때문이다. 그 밖에 다른 외적인 사정도 있는데 그건 내가 너를 위해 쓴 윤리에 관한 책이 너무 잘 팔렸기 때문이다. 이런 경우에 항상 그렇듯이 발목을 잡혀 또 한 권의 책을 쓸 수밖에 없다.

하지만 네게 이렇게 또 한번 지루한 설교와 연설을 늘어놓기로 결심하게 된 가장 중요한 책임은 바로 네게 있다. 그러니 불평하지 말기 바란다! 네 또래의 거의 모든 청소년들이 정치와 정치가들을 싫어한다고 너는 자주 내게 말해 왔다. 정치는 더러운 장사이고, 정치판에 있는 사람들은 하루 종일, 심지어 잠잘 때에도 거짓말을 하는 범죄자들이며, 꼭대기에 앉아 있는 몇몇 더럽게 똑똑한 작자들이 최종 발언권을 지니고 있기 때문에 보통 사람들은 이런 상황을 바꿀 수 없다는 것이 너희의 생각이라고 말이다. 그러니 할 수 있는 한 그저 돈이나 많이 벌면서 편안하게 사는 게 최고이고, 다른 모든 일들은 헛소리나 시간 낭비에 불과하다고 했지.

내게는 이런 왜곡된 생각이 심각한 문제일 뿐만 아니라 – 이렇게 솔직하게 말하는 것을 용서해라 – 그리 똑똑하지 못한 짓으로 여겨진다. 그 이유를 네게 설명하려고 한다. 먼저 정치에 대한 널리 퍼진 반감에 대해 대답하겠다. 지난번 책에서도 마지막에 가서는 – 내가 믿기로는 – 너도 윤리에 관심을 갖는 것이 얼마나 중요한 일인가를 알게 되었지.

『윤리, 최대한 쉽게 설명해 드립니다』에서 우리가 이야기한 윤리 행위와 정치 행위 사이의 근본적인 차이에 대해 기억하고 있겠지? 이 두 가지 모두 우리가 무엇을 행해야 할 것인가에 대해, 다시 말해 우리의 자유를 가지고 무엇을 할 것인가에 대해 곰곰이 생각하는 방식이라고 할 수 있다. 다른 점이라면 윤리는 개인의 시각을 출발점으로 삼는다. 개인은 자신이 처한 특정한 상황에서 어떤 삶이 가장 멋진 삶인가에만 관심을 가진다. 이렇게 사는 것이 더 나은 삶이고 가장 인간적인 삶이라고 다른 사람들을 설득하려 하지는 않는다는 말이다. 윤리에서 중요한 것은 자기 자신을 명백히 알고, 바로 지금 이 자리에서 자신이 원하는 대로 행동하는 지혜와 용기를 갖는 일이다. 이미 분명하게 알고 있는데도 미루기만 한다면 그보다 어리석은 일이 또 어디 있겠니? 인생은 짧은데 지금 좋은 일을 계속 내일로 미뤄서는 안 되겠지.

정말 '다른' 사람들의 잘못일까?

반면에 정치 행위에는 다른 종류의 화합이 필요하다. 자신의 생각과 화합하는 것이 아니라 다른 사람들과 화합하고 조화를 이루어 큰 영향력을 지니는 조직을 결성하는 것이 정치 행위가 추구하는 목표다. 윤리적으로 생각할 때 나는 오로지 나 자신만 설득하면 되지만, 정치에서는 불가피하게 다른 사람을 설득하고, 또 다른 사람에게 설득되는 일이 생긴다.

또 정치 문제에 있어서는 내 삶뿐 아니라 내 삶이 다른 사람들의 삶과 조화를 이루는 것이 중요하기 때문에 정치에는 더 많은 시간이 필요하다. 다시 말해 미룰 수 없는 지금 이 순간의 행복뿐만 아니라 오지 않은 내일도 중요하다. 내가 더 이상 살아 있지 않더라도, 내가 사랑하는 사람들이 살아 있고, 내가 사랑하는 것들이 존재할 내일 말이다.

이렇듯 오직 나 한 사람에게만 달려 있는 도덕적 행위의 결과는 내 의지로 통제될 수 있지만 정치에서는 다른 많은 사람들의 의지를 고려해야 하므로, '선의善意'를 찾아내는 일이 어려울 수밖에 없겠지. 그리고 바로 여기에서는 우리가 선의로 시작한 일을 망가뜨리거나, 우리가 이루고자 하는 바를 방해하는 '시간'이 중요한 요소로 등장한다.

윤리의 영역에서는 개인의 자유가 곧바로 순수한 행동으로 연결되지만, 정치에서는 법과 제도 등 지속적인 관리 형태를 만들어 내는 일이 중요하며 이것들은 부서지거나 파괴되기 쉽고, 결코 우리가 바라는 대로 이루어지지 않을 수도 있다. 다시 말해 개인적인 나의 삶과 윤리의 관계는 매우 명료하지만(이에 대해서는 지난번 책에서 이미 네게 잘 설명했다고 믿는다) 정치는 나에게 갑작스럽게 닥친 낯선 것일 수도 있고, 이 영역에서 우리가 쏟은 노고가 쉽사리 수포로 돌아가기도 한다는 말이다. (이것이 '다른' 사람들의 잘못일까?)

그 밖에도 대부분의 정치 문제는 나와 아주 거리가 멀고, (겉보기에) 나와 매우 다른 사람들에게만 관련된 일로 보인다. 나와 가장 가까운 사람들의 행복을 위해 힘을 쏟는 건 매우 훌륭하고 멋진 일이겠지. 하지만 내가 전혀 알지 못하는 사람들에게 내 삶이 예속되어 있다면, 그것은 받아들이기 어려운 일이 아닐까?

시대가 많이 변했다는 생각이 든다. 내가 네 나이일 때는 정치에 관심을 갖는 게 당연한 일이었다. 사람들은 대규모의 정치 투쟁에 열광했고, 수천 킬로미터 떨어진 곳에서 생겨나는 일을 자신의 일이라고 여겼다. 반면에 윤리는 성직자가 관여할 일이거나 위선적이고 소시민적인 짓거리로 취급했다. 정치 행동 외에 다른 도덕은 인정하지 않았지. 많은 사람들이 — 드러내 놓고 인정하지는 않았지만 — 목적이 수단을 정당화한다고 생각했다. 비록 그것이 겁쟁이들에게는 '비도덕적'으로 보일지라도 말이다. "목적이 모든 수단을 정당화하는 것은 아니다"라고 말했던 프랑스의 위대한 작가 알베르 카뮈의 경고에 수긍했던 사람은 소수에 불과했다. 이 문제에 대해서는 나중에 다시 이야기하기로 하자.

오늘날에는 청소년들에게 정치적 관심을 일깨우기보다 윤리에 관심을 갖게 하는 것이 훨씬 더 쉬운 일이 되었다. 자기 자신의 문제를 걱정하고, 가능한 한 품위 있게 살고자 하는 태도가 누구에게나 자명한 목표가 된 셈이지. 반면 우리 모두와 관련된 공통의 사안, 즉 법, 개인의 권리, 보편적 의무 같은 것은 우리의 삶을 어렵게 만들 뿐이라고 사람들은 생각한다.

우리 시대의 사람들은 정치적으로 '옳다'면 일상적 도덕 따위에는 신경을 쓰지 않아도 된다고 생각했다. 오늘날에는 개인의 삶 안에서만 도덕적으로 행동하면 충분하며, 공적인 — 정치적인 — 많은 문제들에 대해서는 걱정하지 않아도 된다는 태도가 사람들의 인정을 받는 것처럼 보이는구나.

바보가 되지 마라!

내가 우려하는 건 두 가지 모두 분별 있는 태도가 아니라는 점이다. 『윤리, 최대한 쉽게 설명해 드립니다』에서 나는 인간의 삶이 결코 단순하지 않으며, 전체를 바라보는 전망이 중요하다고 네게 설명했다. 우리를 축소시키는 시각이 아니라 넓게 확장시켜 주는 시각이 최선이라는 점에 우리는 동의했다. 우리 인간은 자를수록 더 아름다워지는 분재가 아니다. 물론 숲을 이루는 나무 한 그루와 같은 존재도 아니다. 이런 경우라면 중요한 것은 숲뿐이겠지. 숲을 위해 자신을 희생하는 사람이나, 자신을 고립시키고 잘라 내어 수백만이나 되는 우리의 이웃과 아무런 관계를 맺지 않고 왜소하게 남아 있는 사람이나 모두 잘못이라고 생각한다.

모든 인간의 삶은 그 무엇과도 바꿀 수 없으므로 유일무이하다. 아무리 보잘것없어 보이는 사람이라고 할지라도 하나하나가 삶이라는 모험의 주체이며, 그 누구도 자신의 삶을 다시 한번 똑같이 살 수 없다는 점에서 존엄성을 지닌다. 그래서 나는 모든 사람이 신이나 국가 그리고 고통 받는 인류 전체를 위해 자신을 희생하는 일 없이, 인간적으로, 가장 온전한 방식으로 자신의 삶을 누릴 권리를 가진다고 주장한다.

하지만 또 한편으로 온전한 인간이 되기 위해 우리는 인간들 속에서 살아가야만 한다. 다시 말해 인간**답게** 살아갈 뿐만 아니라 인간과 **함께**, 즉 사회 속에서 살아가야 한다. 내가 그 일부분인 (오늘날의 상황에서는 내가 사는 거주 지역, 도시, 국가뿐만 아니라 전 세계를 포함하는) 인간 사회와 거리를 두는 것을 '현명하다'고 생각한다면, 그것은 마치 만취한 조종사가 모는 비행기 안에서 테러리스트가 폭탄을 가지고 인질극을 벌이고, 엔진 하나는 고장 난 상황에서 (여기에 머리카락이 곤두서는 다른 상황을 덧붙여도 좋다) 다른 사려 깊고 분별 있는 승객들과 협동하는 대신에 휘파람을 불고 창밖을 내다보면서 스튜어디스에게 점심 식사를 갖다 달라고 요구하는 것을 '현명'하다고 여기는 태도나 매한가지다.

고대 그리스인, 너처럼 나도 특별한 존경을 느끼는 이 용감하고 현명했던 사람들은 정치에 무관심한 사람들을 'idiótes'라고 불렀다. 이 단어는 다른 사람에게 아무것도 내놓지 못하고 그저 사소한 집안일로만 머리가 가득 차서 고립된 삶을 살아가는 사람들, 하지만 결국 이로 인해 다른 모든 사람에게 마음대로 조종당하는 사람들을 가리키는 말이었다. 이 그리스어에서 바보를 가리키는 'idiot'라는 단어가 나오게 되었다. 이 단어의 의미에 대해 네게 굳이 따로 설명할 필요는 없겠지.

『윤리, 최대한 쉽게 설명해 드립니다』에서 나는 네게 우리의 유일한 도덕적 의무는 어리석게 굴지 않는 것이라고 말했다. 그리고 우리의 삶을 파괴하는 이 세상의 다양한 어리석음에 대해 언급했다. 네가 막 읽기 시작한 이 책에서 내가 네게 전하려는 이 말이 다소 공격적이고 모욕적으로 느껴질지도 모르겠다. 바보가 되지 마라! 네가 다시 한번 조금만 더 인내심을 발휘한다면, 그리 기분 좋게 들리지 않는 이 충고를 가지고 내가 앞으로 이 책에서 무엇을 말하려 하는

지에 대해 이야기해 보겠다.

내 생각에 지금까지 한 이야기로 서론은 충분한 것 같다. 이 책에서 나는 우리 인간이 혼자서 고립되어 살아가는 존재가 아니라 공동체 안에서 함께 살아간다는 근본적인 사실에 대해 곰곰이 생각해 보려고 한다. 우리는 권력과 조직, 상호 협동, 강자의 착취, 평등, 다른 사람과 다르게 살아갈 권리, 전쟁과 평화, 복종과 저항의 이유에 대해 이야기하게 될 것이다.

그리고 지난번 책과 마찬가지로 여기서도 우리는 주로 자유에 대해 이야기할 것이다. (윤리와 정치 모두에서 중요한 것은 항상 자유다. 이 안에 담겨 있는 모순적인 상호 관계를 잊지 마라. 그리고 자유를 비웃거나 이것을 단지 잘 속는 사람들의 동화로 여기는 자들을 결코 믿지 마라.) 하지만 여기서는 윤리적 의미가 아니라 정치적 의미의 자유에 대해서만 이야기하기로 하자.

너는 나라는 사람을 잘 알고 있다. 이 책에서 나는 내가 옳다고 생각하는 당파적 견해를 취하는 데 전혀 주저하지 않을 생각이지만, 결코 도덕적 판단을 내리지는 않을 것이다. 누가 '선하고' 누가 '악하다'는 식의 이야기는 네게 결코 하지 않을 것이다. 네가 어느 쪽에 투표해야 한다고 권하지도, 심지어 반드시 투표를 해야 한다고 말하지도 않을 생각이다.

우리는 여기서 (정치가들이 오늘날 어떤 짓을 하는가에 대해서가 아니라) 정치가 무엇인가 하는 근본적인 문제를 따져 볼 것이다. 그 후에는 네가 최종적인 발언권을 가지게 될 것이다. 누가 네게서 그것을 빼앗아 가거나, 너 대신 그것을 말하지 못하게 해라.

이 서문을 나는 경고와 눈짓으로 끝내고자 한다. 이미 눈치 챘겠지만 이 책은 『윤리, 최대한 쉽게 설명해 드립니다』와 마찬가지로 결코 쉬운 책이 아니며, 그리 호락호락한 책도 아니다. 그러니 좀 더 많은 주의를 기울여 주기 바란다. 이미 이야기했듯이 내가 이 책을 쓰게 된 데에는 너도 책임이 있다. 네가 성장을 멈추지 않은 탓에 이제 곧 성년의 시민이 될 것이고, 그 덕분에 유감스럽게도 이제 나는 늙었다고 느끼게 될 테니까 말이다.

그리고 눈짓이란 이 책에서도 유머를 잃지 않겠다는 의미다. 세상에 진지한 문제들이 많은 것은 사실이지만, 나는 너무 진지한 사람들을 별로 믿지 않는다. (특히 권위의 표시로 이마를 찡그리는 사람들은 결코 믿지 않는다.) 언제나 웃음을 잃지 마라! 위대한 시인 베르길리우스는 이렇게 말한 바 있다(그는 희극작가가 아니었다). "부모의 웃음을 누리지 못한 사람은 결코 신의 식탁에 초대받거나 여신을 침상에 불러들이지 못할 것이다." 나 때문에 네가 최고의 자리에서 식사하지 못한다거나, … 없이 지내야 한다면 안 될 일이지. 하지만 나로 인해 그렇게 될 일은 결코 없을 게다.

마드리드에서
아빠가

14

차례　　**들어가는 글** — 세상의 모든 진지한 문제들에 웃음을 잃지 않는 방법　　6

1　사회, 언어와 의사소통과 이야기와 정보를 가지고 하는 놀이

나를 '나 자신'이게 하는 곳　　23

내가 만든 사회도 아닌데 왜 따라야 하지?　　26

'불멸성을 생산해 내는 기계'의 일원이 되다　　29

2　정치, 복종하는 이유와 저항하는 이유를 모두 합친 행위

"나는 반항한다, 고로 우리는 존재한다"　　41

가장 위험한 사회의 적?　　43

갈등 없는 사회 = 공동묘지　　47

언제, 왜, 어떻게 복종하고 저항해야 하는가　　50

3 지도자, 절대 권력의 탄생

모든 사람을 두려워하기보다는 한 사람을 두려워하는 게 낫다?   61

지도자, 인간의 열정과 나약함을 초월하는 위험한 존재   64

명령을 내리는 사람은 어떤 사람이어야 할까?   65

명령하기 위해서 태어난 사람, 복종하기 위해서 태어난 사람   70

4 민주주의, 인류 역사상 가장 혁명적인 발명품

그리스인의 광기가 준 선물   81

신의 의지가 아닌 인간의 능력으로!   85

민주주의의 진지한 반대자들   88

괴팍하지만 용기 있는 그리스인의 첫걸음   93

민주적 성찰의 결과물, 스포츠와 연극   96

5 "모두를 위한 하나, 하나를 위한 모두!"

'인간들'과 '국가들', 끊임없는 대립이 시작되다!　　　　107

개인주의, 정치에 개입하는 건강한 방식　　　　113

인권, 공동체 안에서 인간이 더욱 인간다워지는 방법　　　　117

인종주의자, 민족주의자의 나라에 미래는 없다　　　　121

정치가를 부패하게 만드는 정치 혐오증　　　　128

6 돈 그리고 노동, 경제학자들도 풀지 못한 숙제

'항상 더 나은 것'을 원하기　　　　141

사유재산, 인간 불평등의 기원?　　　　145

자본주의 혹은 공산주의, 노동은 즐거워질 수 있을까?　　　　153

인구 문제도 환경 문제도 정치를 빼고 이야기할 수 없어!　　　　158

환경 보호는 종교가 아니다　　　　161

7　**전쟁 없는 인류의 미래**

'진정으로' 인간적인 역사가 되려면　171

전쟁은 언제나 나쁜 것!　174

인류의 전쟁에 종말을 고할 수 있을까?　179

8　**자유, 인간을 인간답게 만들어 주는 것**

자유로부터의 도피　193

"마음껏 짖어 대라지, 곧 조용해질 테니까."　196

모든 금지를 금지해!　201

민주주의 사회에서 더불어 산다는 것　205

행복은 정치의 문제가 아니야　207

책을 맺으며 — 과거를 알고, 현재에 전념하며,
　　　　　　미래에는 조금만 신경 쓰는 삶　216

옮긴이의 글 — 자유로운 개인들의 사회적 연대를 위하여　225

1

사회,

언어와 의사소통과 이야기와 정보를
가지고 하는 놀이

나를 '나 자신'이게 하는 곳

네가 태어나서 처음으로 눈을 뜨고, 주위를 둘러본다고 생각해 보아라. 무엇이 보이겠니? 태양이 빛나고 구름이 흘러가는 하늘, 그리고 나무, 산, 강, 들짐승, 바다… 이런 것들? 아니다. 이런 것들에 앞서 너와 가장 가깝고, 가장 친숙한 다른 모습, 바로 사람이 보일 게다.

우리 인간이 보게 되는 첫 풍경은 우리와 유사한 존재의 얼굴과 어머니의 미소, 호기심에 찬 사람들, (소박하건 호화롭건 간에 인간의 손에 의해 만들어지고 세워진) 방의 벽, 우리를 따뜻하게 만들어 주고 보호해 주는 불, 가전 기구, 장식품, 예술 작품, 한마디로 다른 사람들, 그리고 그들이 만든 것들이다. 세상에 나온다는 건 우리의 세상, 인간들의 세상에 나온다는 의미다. 세상에서 산다는 건 인간들 속에서, 선한 것과 덜 선한 것과 악한 것들이 어우러져 있는 사회에서 산다는 의미다.

하지만 우리를 둘러싸고 있으며, 또 우리 속으로 들어와 점차 우리에게 모습을 부여하는 (우리의 정신적 습관 그리고 우리의 육체적 재능과 능력을 형성하는) 사회는 사람과 물건과 건물 들로만 이루어진 것은 아니다. 사회는 섬세한, 혹은 네가 이런 표현을 좋아한다면, 정신적인 연결망으로 이루어진다. 사회는 (우리가 『윤리, 최대한 쉽게 설명해 드립니다』에서 이미 보았듯이 인간의 고유한 요소인) 언어, 그 사회가 공동으로 지니고 있는 기억, 관습, 법 등으로 이루어져 있으며, 사회에는 의무, 축제, 금지, 상과 벌 등이 존재한다. 사회 안에서 어떤 행동 양식은 금기시되고, 또 어떤 행동 양식은 보편적인 동의를 얻는다.

따라서 사회는 정보를, 수많은 정보를 보존하고 있다. 언어를 통해 작동하는 우리의 뇌는, 우리가 아주 어릴 때부터 수많은 정보를 삼키고, 소화하고, 저장하기 시작한다. 사회 속에서 산다는 것은 (끊임없이) 소식, 명령, 제안, 우스운 이야기, 부탁, 유혹, 모욕… 그리고 사랑을 받는다는 의미다.

사회는 우리를 흥분하게 하고, 자극하고, 수많은 일들로 귀찮게 하기도 하지만, 우리의 긴장을 풀어 주고, 친숙한 곳에 있다는 느낌을 주고, 우리를 보호해 준다. 원시림과 바다와 사막에도 나름의 법칙과 기능 방식이 있다. 하지만 이것들은 우리에게 봉사하려 하지 않으며 적대적이고 위험하거나 심지어 치명적인 모습으로 우리 앞에 나타난다.

사회는 너와 나 같은 사람들에 의해서, 그리고 너와 나 같은 사람들을 위해서 고안되었으며, 그것이 조직된 이유를 이해해야 우리에게 이익이 된다는 것을 전제로 한다. 내가 여기서 '전제로 한다'고 말한 까닭은 사회에서도 때로 정글과 바다에서 일어나는 최악의 위험과 마찬가지로 치명적이고 이해할 수 없는 일들이 일어나기 때문이다.

아마도 나치의 집단 수용소에 갇혀 있었던 유대인들, 오늘날 끔찍한 전쟁과 (정치적인, 종교적인, 그리고 그 밖에 다른 어떤 이유로든) 박해를 겪고 있는 사람들에게는 사막 한가운데나 폭풍이 부는 무인도가 차라리 덜 불행할지도 모르겠다. 그럼에도 사회 속에서 살아가는 것이 인간에게 가장 자연스러운 생활양식이라는 점은 분명하다.

중요한 것은 자연과 사회 사이에서의 선택이 아니라 우리의 자연은 사회임을 인정하는 일이다. 물론 때로 우리는 숲속이나 파도 속에서 – 잠시 동안 – 좋은 기분을 느끼기도 한다. 하지만 사회 속에 있을 때 우리는 비로소 스스로를 우리 자신으로서 느끼게 된다. 생물학적으로 보면 우리는 자연의 산물이지만, 인간적으로 보면 우리는 사회의 산물이자, 생산자이자, 구성 요소이다. 우리가 사회적 불편보다 자연적 불편을 좀 더 기꺼이 참는 이유가 바로 여기에 있다. 자연적 불편은 불쾌하거나 위협적인 일이지만, 사회적 불편은 배신이기 때문이다.

내가 만든 사회도 아닌데 왜 따라야 하지?

우리가 해결해야 할 첫 번째 문제, 혹은 우리가 감수해야 할 첫 번째 불편은, 사회가 우리에게 봉사하는 만큼 우리 또한 사회에 봉사해야 한다는 것이다. 사회는 내가 그것에 봉사함을 전제로 나에게 봉사한다. 보호, 도움, 소속감, 정보, 오락 등 사회가 우리에게 제공하는 이점에는 제한, 지시, 요구, 관습적 규칙 등 강제가 따라다닌다. 사회는 내게 도움을 주지만 내가 어떤 방식을 가장 좋아하는지 내게 묻지 않고 자신의 방식에 따라 그렇게 한다. 사회가 내게 강제하는 것에 대해 내가 저항하거나 도움을 거부하면, 대부분의 경우 사회는 어떤 방식으로든 내게 벌을 가한다.

한마디로 우리는 인간 사회에 대하여 거리를 둘 수가 없으며 우리의 영혼과 육체 모두는 사회에 속해 있다. 때로는 내가 원하는 그 이상으로. 이것을 명확히 깨닫게 되면 (어린 시절에는 본능적으로, 성인이 되어서는 의식적으로) 우리는 분노와 반항심을 느끼게 된다. 이 모든 규범과 의무를 내가 만들어 낸 것이 아니기 때문이다! 또 그 누구도 이에 대한 나의 견해를 묻지 않았기 때문이다! 왜 내가 그런 것들을 존중해야 한단 말인가? 내게 더 적합하도록 이것들을 바꿀 수는 없는가?

이제 우리는 한 가지 핵심 사항에 도달했다. 이것이 영화라면 지금 북소리가 울려 퍼질지도 모른다. 둥둥! 둥둥! 잘 들어라. 사회의 법과 제약은 약속, 즉 협약 이상의 아무것도 아니다. 또 그 이하도 아니다. 아무리 오래되고, 존중받고, 두렵게 보일지라도 협약은 중력의 법칙처럼 현실의 불변적인 부분을 이루고 있는 것은 아니다. 협약은 또한 신비로운 신의 의지에서 나오지도 않았다. 협약은 인간에 의해 만들어졌고, 이해 가능한 인간의 의도에서 나왔으며(하지만 때로는 너무 오래되어서 더 이상 이해하기 어려운 것도 있다), 인간들 사이의 새로운 협정에 의해 변하고 폐지될 수 있다.

물론 협약을 변덕과 혼동해서는 안 된다. 또 협약에 의해 이루어진 관습을 깊이 없고, 쉽게 폐지할 수 있는 사소한 것으로 생각해서도 안 된다. 협약에 따른 몇몇 관습들, 예를 들어 어떤 특별한 레스토랑에 가려면 넥타이를 매야 한다거나, 어떤 특별한 클럽에 가서 춤을 추려면 하얀 양말을 신어서는 안 된다거나 하는 제약들은 매우 멍청하다. 그 점에서는 네 견해가 옳다. 하지만 다른 협약들, 예를 들어 살인을 해서는 안 된다거나, 약속을 지켜야 한다는 등의 협약들은 존중되어 마땅하다. 많은 협약들이 우리의 삶에 결정적인 영향을 미친다. 협약이 전혀 없다면 (예를 들어 언어도 그중 하나다) 우리는 살아갈 수 없을 것이다.

법과 관습도 협약이다. 이렇게 말한다고 해서 법과 관습이 인간의 삶에 주어진 자연적 조건에, 다시 말해 약속과는 무관한 토대에 의존하고 있음을 부인하는 것은 아니다.

동물은 본능에 따라 어떤 행동은 하고, 어떤 행동은 하지 않는다. 이런 방식으로 생물학적 진화는 동물의 종들을 위험에서 지켜 주고 생존을 보장한다. 이에 비해 우리 인간은 동물보다 불확실하지만 더 유연한 본능을 지니고 있다.

동물들의 행동은 거의 언제나 확실하지만 대개 반복적이고, 사소한 결과들을 만들어 낸다. 이에 반해 우리 인간은 가장 기본적인 일에서조차 끊임없이 실수를 저지르지만 끊임없이 새로운 것을, 일찍이 아무도 본 적 없는 새로운 발명과 아무도 생각하지 못한 어리석은 일을 꾸며 낸다. 왜 그럴까? 왜냐하면 우리는 본능 외에 이성도 가지고 있기 때문이다. 우리 인간은 이성을 사용하여 동물보다 훨씬 더 나은 것들을 (그리고 훨씬 더 나쁜 것들을!) 만들어 낸다. 이성은 우리 인간을 매우 특이한 존재, 많은 부분에서 동물과는 다른 존재로 만들어 준다.

그런데 이성이란 무엇일까? 그것은 협약을 만들어 내는 능력이다. 다시 말해 생물학적 본능이 우리에게 부과한 것이 아니라 우리가 자발적으로 받아들이는 법을 만들어 내는 능력이다. 이성을 지닌 덕분에 우리는 본능을 보완하고 더 완전하게 만들 수 있다. 우리 인간은 ― 네가 내 말을 이해할지 모르겠다만 ― 본능적으로 이성적인 동물이다. 동물들이 가지고 있는 행동 지침은 유전적 코드뿐이다. 물론 우리도 이것을 가지고 있다. 하지만 그 밖에도 우리는 ― 몇 가지만 예로 들면 ― 형법, 민법, 도로교통법 등을 가지고 있다. 우리가 서로 협약해서 두뇌로 이해하고 (체세포에 의해서 뿐만이 아니라) 복종하는 이러한 법들은 순수하게 본능적이지도, 이성적이지도 않다. 그러한 법들에는 다양한 충동, 심지어 서로 모순되는 충동들이 뒤섞여 있다.

협약은 부분적으로 본능에서 유래했기 때문에, 그것의 궁극적 목적은 모든 본능의 목적이 그런 것처럼 종의 생존을 보장하는 데 있다. 하지만 협약은 본능적으로 이성적이기 때문에 단순한 종의 보존을 넘어서서 좀 더 오래, 좀 더 나은 삶을 살려는 소망에서 생겨난 것이기도 하다. 인간 사회는 제한된 동물 종인 우리 인간이 좀 더 안전하게 살아가기 위한 수단에 불과한 것은 아니라는 뜻이다.

인간은 사회적 동물이다. 그것도 다른 동물들과는 다른 의미에서 그렇다. 앞에서 나는 동물과 인간의 차이는 우리가 본능 외에 '이성'도 지녔다는 데 있다고 말했다. 하지만 다른 동물들도 약간의 이성, 즉 즉흥적인 대응 능력과 발명의 능력을 지니고 있다. 이 능력이 동물들로 하여금 생물학적으로 프로그래밍된 자동적 기능에서 그들을 벗어나게 해 준다. 물론 인간과의 차이는 너무나 커서 그것을 '이성'이라고 말하는 데는 어폐가 있다. 앞으로 한 걸음을 내딛는 것과 100미터 달리기에서 신기록을 세우는 일은 분명 다르다. 신기록을 세우는 사람도 한 걸음을 앞으로 내딛는 것에서부터 시작하기는 마찬가지지만 말이다. 아마도 인간과 동물에게 부여된 이성의 양에 커다란 차이가 있다는 게 문제겠지.

'불멸성을 생산해 내는 기계'의 일원이 되다

하지만 인간과 동물 사이의 가장 중요한 실질적 차이는 다른 데 있다. 동물은 살다가 죽을 뿐이지만, 우리 인간은 자신이 죽는다는 사실을 안다. 동물은 죽지 않으려고 애쓰지만 인간은 죽지 않기 위해 투쟁한다. 그러나 인간은 언젠가는 죽어야 한다는 사실을 알고 있다. 동물과는 달리 ─ 이 점에서 동물은 얼마나 행복한가! ─ 인간은 죽음의 경험, 죽음의 기억, 죽음에 대한 분명한 예감을 가지고 있다. '보통의' 동물은 죽음을 회피하지만, 그들에게 죽음은 별 어려움이나 아무 경고 없이 밤에 잠을 자는 일처럼 찾아온다. 반면에 우리 인간은 삶을 연장하려 할 뿐만 아니라 죽음에 반항한다. 우리 인간은 죽음의 그림자 안에서 죽음에 맞서는 것들을 만들어 낸다. 바로 여기에 인간 사회와 동물의 사회 사이의 근본적인 차이가 있다. 동물은 생존을 좀 더 확고히 유지하려고 무리를 지어 산다. 하지만 우리 인간은 '불멸성'을 추구한다.

우리 인간이 왜 이렇게 복잡한 방식으로 살아가는가에 대해 스스로 물어본 적이 있는지 모르겠다. 왜 우리 인간은 먹고, 짝을 짓고, 추위와 더위로부터 스스로를 보호하고, 휴식을 취하는 것으로 만족하지 못할까? 왜 동일한 일을 처음부터 다시 반복하려 하지 않을까? 그것으로 충분하지 않단 말인가? 자연의 '단순함'으로 되돌아가는 것이 옳다고 여기는 선의의 생태주의자들은 항상 존재해 왔다. 그런데 우리 인간이 도대체 언제 '단순한' 적이 있었던가? 아마 옛날 옛적에 그랬던 때가 있었을지도 모르겠다.

요컨대 우리가 기억하는 한 인간은 복잡한 존재라는 사실에 대한 증거만 있을 뿐이다. 심지어 우리가 알고 있는 가장 원시적인 부족들조차도 무수히 많은 고도의 정신적인 것들을 발명해 낸 바 있다. 신화, 전설, 제식, 마법, 장례, 성적인 제의, 터부, 화장, 유행, 위계

❖ — 죽음을 의식하고, 그것이 벗어날 수 없는 숙명임을 아는 능력을 지닌 우리 인간에게, 죽는다는 것은 단순한 생물학적 사건이 아니다.

질서, 영웅과 악마, 노래, 농담, 춤, 겨루기, 도취의 형식들, 반항 같은 것들 말이다.

인간이 소박하게 서로 함께 살아가는 데 만족했던 적은 한 번도 없다. 모든 인간 공동체에는 호기심이 많은 사람, 완벽주의자, 개척자들이 있다.

인간에게 나타나는 두드러진 특징은 다른 동물이 느끼지 않는 종류의 불안, 그 대부분이 권태에서 생겨나는 불안을 지니고 있다는 사실이다. 우리 인간은 ─ 심지어 가장 어리석은 사람도 ─ 정보, 새로운 것, 거짓말, 발견 등을 받아들이는 커다란 뇌를 가지고 있다.

판에 박은 듯한 일상에서 지적 자극이 줄어들면, 가장 불안한 사람들은 — 가장 인간적인 사람들? — 새로운 자극을 찾기 시작한다. 처음에는 조심스럽게, 나중에는 미친 듯이 말이다. 어떤 사람은 아무도 오르지 못한 산에 오르려 하고, 어떤 사람은 지구의 반대편에는 무엇이 있는지 보려고 대양을 횡단한다. 어떤 사람은 소설을 쓰고, 어떤 사람은 새로운 무기를 만들어 내고, 어떤 사람은 왕이 되려 한다. 어느 시대에나 세상의 모든 여자를 혼자 차지하는 꿈을 꾸는 사람은 있게 마련이다.

우리가 이런 일을 멈추고 "이제 충분하다!"라고 말할 때가 과연 올까? 앞에서 말한 생태주의자들은 과거로 돌아가려 한다. 하지만 어떻게? 불안이 인간의 근본적 특징이라면 어떻게 우리가 이제 그만 만족하겠다는 결정을 내릴 수 있을까? 진흙으로 도자기를 만들기 시작하면 인간은 곧 로켓을 발명하여 달나라로 쏘아 올리거나, 적을 전멸시키기에 이른다. 마법에 손을 대기 시작하면 곧 우여곡절 끝에 아리스토텔레스와 셰익스피어와 아인슈타인이 나타난다. 불안은 인간을 늘 따라다니며 심지어 점점 더 커진다.

우리가 지금 겪고 있는 복잡함이 이전의 복잡함과 단순함에서 생겨난 것이라면, 원래 전혀 단순하지 않은 최초의 단순함으로 되돌아가려는 꿈을 꾸는 일이 무슨 의미가 있을까? 그렇게 되돌아갔을 때 같은 길을 밟게 되지 않으리라고 누가 보장해 줄 수 있을까? 아니, 그렇게 되돌아가는 일이 가능하기나 한가 하는 문제는 차치하고라도 말이다.

내 생각에 권태에 대한 이런 끊임없는 근심과 불안과 공포는 인간 사회가 생존에 만족하지 않고 불멸성을 동경하는 데서 시작된 것이다. 죽음을 의식하고, 그것이 벗어날 수 없는 숙명임을 아는 능력을 지닌 우리 인간에게, 죽는다는 것은 단순한 생물학적 사건이 아니다. 죽음은 인간의 존재를 규정하는 결정적이고 상징적인 사건이다. 죽음의 그림자 안에서 그것에 저항하며 우리 인간은 삶의 다양한 가능성을 실현해 나간다. 죽음을 극복하는 정말 효과적인 수단은 존재하지 않는 것 같다. 아르헨티나의 시인 보르헤스가 노래했듯이 "죽음은 인간이 늘 지키는 습관이다". 인간은 죽음에서 벗어날 수 없다.

　　이러한 죽음의 확실성에 보상과 위안을 주려는 두 가지의 상징적 수단이 있다. 바로 종교적 방식과 사회적 방식이 그것이다. 종교적인 방식에 대해서는 너도 잘 알고 있겠지. 사후의 삶, 영혼의 불멸, 육체의 부활, 윤회 같은 것들 말이다. 나는 이런 문제에 개입하여 세상의 수많은 성직자들과 다투고 싶지는 않다. 여기서 내가 관심을 갖는 것은 사회적인, 혹은 시민적인 치료제다. 이 치료제의 도움으로 우리 인간은 삶을 보존할 뿐만 아니라 죽음에 항거하는 힘을 키워 왔다. 상징적인 영역에서 죽음을 이겨 내려는 것이지. (현실의 영역에서는 결코 그럴 수 없으니까 말이다.)

　　요컨대 인간 사회는 '불멸성을 생산해 내는 기계'의 기능을 하고, 이 기계는 개개인에 '연결'되어 상징적인 생명력을 충전한다. 이제 사회의 일원이 된 인간은 죽음의 엄연한 위협과 싸울 때 사회로부터 도움을 얻는다. 개인과는 달리 사회집단은 죽지 않는 어떤 것으로서 여겨지기 때문이다. 사회제도는 모두가 두려워하는 것에 저항하는 역할을 한다. 죽음이 인간의 철저한 고독을 의미한다면, 사회는 우리에게 영원한 공동체를 제공하기 때문이다.

죽음이 인간을 무력하고 수동적으로 만든다면, 사회는 집단적인 힘의 본거지이며 수많은 과제와 활동과 영웅적 업적의 원천이다. 죽음이 모든 개인적 차이를 없애 버리고 모든 것을 균일하게 만들어 버린다면, 사회는 다른 사람들로부터 구별되고, 인정받고, 찬탄의 대상이 될 수 있는 가능성을 제공한다. 죽음이 무감각하고 단조로운 것이라면, 사회는 우리의 감각을 강화하고, 예술을 통해 우리의 취미와 청각과 시각을 세련되게 하여, 우리에게 강렬하고 자극적인 즐거움을 줌으로써 죽음과 같은 천편일률을 깨뜨린다. 죽음이 우리에게서 모든 것을 앗아간다면, 사회는 모든 종류의 물건을 만들어 축적하는 데 전념한다. 죽음이 침묵이라면, 사회는 언어와 의사소통과 이야기와 정보를 가지고 하는 놀이다.

그래서 인간의 삶은 그리도 복잡한 것이란다. 죽음의 저 지겨운 장례식에 맞서 항상 새로운 것과 독창적인 몸짓을 만들어 내야 하니까 말이다. 바로 그 때문에 사람들은 그가 사는 사회에 보탬이 되려하고 그것을 지켜 내기 위해 기꺼이 목숨을 버리기도 한다. 이런 경우에는 죽음이 더 이상 무의미한 불행이 아니라 죽지 않기 위해, 그 사회의 모든 사람을 위해 자발적으로 죽음에 항거하는 개인의 방식이 된다. 그 때문에 죽음이 훨씬 더 거대하고 끔찍한 승리를 거두는 때는 어떤 개인의 죽음보다 사회가 파괴되는 경우다.

죽음은 '자연적'이다. 따라서 인간 사회는 어떤 의미에서 '초자연적'인 것, 인간이 서로 약속해서 만들어 낸 예술작품이라 할 수 있다. 협약은 우리를 하나로 묶어 주며, 그래서 우리에게 만족감을 준다. 사회는 생물학과 전설, 메타포와 본능, 상징과 화학이 하나로 뒤섞여 인간의 고유한 실존을 만들어 내는 장소다. 아리스토텔레스는 인간을 '사회적 동물', 정치적 본성을 지닌 존재, 즉 초자연적인 본성을 지닌 존재라고 말한 바 있다. 그래서 우리는 여기에 모였다. 이제 우리는 우리의 모임을 최선으로 조직하는 방식과 우리가 살고 있는 이 커다란 모임을 위협하는 것이 무엇인지에 대해 물을 수 있게 되었다.

아리스토텔레스

인간은 사회를 형성하는 정치적 존재로서, 꿀벌이나 무리 동물들보다 명백히 우월하다. 이미 말했듯이 자연에는 무계획적인 것이 하나도 없다. 쾌감과 불쾌감을 표현하는 목소리는 동물도 가지고 있지만 언어는 모든 동물 중에서 오직 인간만이 가지고 있다. 동물도 쾌감과 불쾌감을 느낄 수 있고, 이를 서로 전달할 수 있지만 언어는 이롭고 해로운 것, 옳고 그른 것을 알게 한다. 동물과 구분되는 인간의 가장 고유한 속성은 오로지 인간만이 선과 악, 정의와 불의의 차이를 느낀다는 것이다. 이에 대한 공통의 의식이 가정과 국가를 만든다.

_아리스토텔레스, 「정치학」

인간에게 삶이란-우리가 알고 있는 가장 정치적인 민족이었던 로마인의 언어인 라틴어가 말하고 있듯이-'인간들 사이에 있는 일inter homines esse'이고, 죽음이란 '인간들 사이에 있음을 그만두는 일desinere inter homines esse'이다.

_한나 아렌트, 『인간의 조건』

하지만 정치적 삶이 인간 공동체의 유일한 형태는 아니다. 인류의 역사에서 오늘날과 같은 형태의 국가는 문명화 과정에서 뒤늦게 나타난 것이다. 이러한 형태의 사회 조직을 만들어 내기 이전에도 인간은 자신의 감정과 소망과 생각에 표현과 질서를 부여하는 다른 시도를 행한 바 있다. 언어, 신화, 종교, 예술에는 그러한 질서나 체계가 내포되어 있다.

_에른스트 카시러, 『인간에 관한 시론』

다른 모든 세기가 우리의 세기와 비슷했을까? 언제나 지금처럼 서로 연결되어 있지 않은 세계, 정신적 재능이 결여된 덕, 명예가 결여된 정신적 재능이 존재해 온 것일까? 질서에 대한 사랑이 폭정에 대한 선호와 결합되고, 자유의 신성한 제의가 법을 무시하는 것으로 오도되는 세계가 전에도 존재했을까? 양심이 인간의 행동에 희미한 빛만 던질 뿐, 금지도 허락도, 명예로운 것도 수치스러운 것도, 진실도 거짓도 존재하지 않는 세계가 전에도 있었을까?

_알렉시스 드 토크빌, 『미국의 민주주의』

2

정치,

복종하는 이유와 저항하는 이유를
모두 합친 행위

"나는 반항한다, 고로 우리는 존재한다"

우리는 앞 장을 "인간은 정치적 동물"이라는 아리스토텔레스의 존경할 만한 견해를 언급하면서 끝마쳤다. 물론 이 말을 '정치가는 동물'이라는 뜻으로 오해해서는 안 된다. 이 말은 인간은 사회적 동물이지만, 양이나 개미처럼 본능적이고 무의식적인 존재는 아니라는 뜻이다. 이런 동물들과 달리 우리 인간은 다양한 형태의 사회를 만들어 내고, 우리의 선조들이 그 안에서 살아왔고 우리가 그 안에서 태어나 살고 있는 사회를 변화시킨다. 우리 인간은 이전에 결코 시도되지 않았던 사회 조직을 실험한다.

한마디로 우리 인간은 다른 사람을 모방하거나 집단의 규범에 복종하는 데 그치는 것이 아니라, 문제가 있다고 생각되면 복종을 거부하기도 한다. 우리는 저항하고, 일상의 규칙을 깨뜨리고, 수립된 규범을 위반하고, 봉기를 일으키기도 한다. 아리스토텔레스가 말하고자 한 것은 인간이야말로 봉기를 일으킬 능력이 있는 유일한 동물이라는 점이다. 나는 '능력이 있다'는 표현을 썼다. 우리 인간은 무슨 일이든 이의를 달고, 복종할 때도 이를 갈면서 그렇게 한다. 우리는 남들이 원하는 것을 ─꿀벌처럼─ 아무 이의 없이 행하지 않는다. 그래서 사회가 우리에게 지시하는 역할을 행하게 하려면 우리를 설득하거나 그것을 우리에게 강요해야 한다. 이마누엘 칸트라는 유명한 철학자는 인간을 "비사회적으로 사회적인" 존재라고 정의했다. 이 말은 사회 안에서 살아가는 인간이 단순히 복종하거나 모방하는 존재가 아닌, 저항하고 새로운 것을 만들어 내는 존재임을 뜻한다.

하지만 주의해라. 우리가 저항하는 대상은 사회 자체가 아니라 어떤 특정한 사회다. 우리가 복종을 거부하는 것은 그 무엇, 그 누구에게도 복종하고 싶지 않기 때문이 아니라, 지금 우리에게 복종하라며 거론하는 이유보다 더 나은 이유를 원하기 때문이다. 우리가 원하는 것은 더 설득력 있는 권위를 갖춘 지도자라는 말이다. 따라서 칸트가 이야기한 "비사회적으로 사회적"이라는 말은 '반사회적'이라는 뜻이 아니다.

때로는 동물도 행동 양식을 바꾸는 일이 있는데, 그것은 생물학적 진화의 요구를 따름으로써 종의 보존을 좀 더 확고하게 하기 위해서다. 하지만 인간 사회가 역사의 흐름 속에서 이루어 내는 변화의 이유는 너무 복잡해서 우리가 결코 그 본질을 제대로 이해할 수 없을 정도다. 어떤 변화는 특정한 목표에 이르기 위한 것이고, 어떤 변화는 가치를 확고하게 하기 위한 것이며, 대부분의 변화는 생산하고 파괴하는 새로운 기술을 발견해 낸 데서 생겨난다. 아무튼 의심의 여지가 없는 하나의 분명한 사실은 모든 인간 사회에는 (그리고 사회의 모든 구성원에게는) 복종하고 저항하는 이유가 있다는 것이다. 우리에게 제시된 이유가 정당하다고 생각해서 복종하건, 우리에게 더 중요하게 여겨지는 다른 이유로 저항하건 간에 우리는 똑같이 사회적이다. 그래서 정치를 제대로 이해하기 위해서는 이 다양한 이유들을 모두 따져봐야 한다. **왜냐하면 정치란 결국 복종하는 이유와 저항하는 이유를 전부 합해 놓은 것이기 때문이다.**

가장 위험한 사회의 적?

복종하고, 저항한다? 그렇다면 복종하거나 저항하는 이유를 찾기보다는 차라리 아무도 명령하는 사람이 없는 편이 더 낫지 않을까. 이것이 무정부주의자들의 생각이다. 우선 내가 무정부주의자들에게 어느 정도 공감한다는 사실을 인정해야겠다. 무정부주의자들이 이상으로 삼는 사회는 그 어떤 권위도 인정하지 않고 각자가 자신의 양심에 따라 행동하는 사회다.

사실 몇 안 되는 사람들이 다수의 사람들을 이끌고 전체를 대신해서 결정을 내리는 방식을 인정하는 권위와 권력, 법률과 제도는, 노예제도, 권력 남용, 착취, 전쟁 등 우리 인간을 괴롭히는 많은 골칫

거리들을 야기한다. 무정부주의자들이 요구하는 사회는 다른 사람에게 복종할 이유도, 저항할 이유도 전혀 없는 사회라고 할 수 있다. 한마디로 정치를 끝장내서 은퇴시키자는 말이다. 그렇게 되면 우리는 함께 살아가면서도 결국은 혼자 사는 것과 마찬가지가 된다. 다시 말해 각자가 지금 당장 하고 싶은 일만 하게 되겠지. 하지만 그 하고 싶은 일이 이웃사람을 괴롭히거나 이웃집 여자를 욕보이는 일일 수도 있지 않을까? 무정부주의자들은 그렇게 되지 않는다고 말한다. 인간은 선천적으로 모든 사람에게 유용한 협력과 연대와 상호부조의 자연적 소질을 가지고 태어나기 때문이라는 것이다. 사회적 계급 제도와 기존 권력 그리고 미신이야말로 서로를 적으로 만들고, 그들에게서 이성을 빼앗아가는 주범이라는 것이다. 우리의 행복을 위해서 우리에게 명령을 내린다고 주장하는 지도자에게, 진정한 행복은 어느 누구도 명령하는 사람이 없는 데 있다고 무정부주의자들은 대답한다. 그렇게 되면 잘못을 범하기 쉽고 변덕스러운 특정인에게 복종하는 게 아니라 인간 본성에 내재하는 참된 선의에 복종하게 된다고 말이다.

무정부 사회, 정치가 없는 사회가 과연 가능할까? 무정부주의자들은 적어도 한 가지 점에서는 전적으로 옳다. 정치가 없으면 갈등도 없으리라는 것 말이다. 하지만 인간 사회에 ─곤충이나 로봇 사회가 아니라─ 갈등이 없을 수 있을까? 정치가 갈등의 원인일까, 아니면 그 결과일까? 정치는 갈등을 완화하려는 시도가 아닐까? 인간에게 과연 저절로 평화롭게 공존하는 능력이 있을까?

내가 보기에 공동체 안에서의 갈등은 – 개인적인 이해관계의 충돌은 – 불가피하다. 사람이 많아질수록 갈등이 생겨날 가능성도 더 커지는 법이다. 그 이유가 무엇일까? 얼핏 보기에는 불합리하게 여겨지겠지만, 우리가 너무나 사회적이기 때문이다. 지금부터 이것에 대해 설명해 보겠다.

인간은 다른 사람의 행동과 말과 욕망과 가치를 모방하려는 성향을 가지고 있기 때문에 사회적이다. 자연적이고 자발적인 모방 본능이 없다면, 우리는 결코 아이를 교육하지 못하고, 공동체 생활을 위한 준비도 시킬 수 없다.

우리가 서로를 모방하는 것은 우리가 서로 닮았기 때문이다. 모방을 통해 점점 더 닮아 가고, 또 닮다 보니 갈등을 겪게 된다. 다른 사람들이 원하는 것을 똑같이 원하지만 때로는 그것이 몇몇 사람이나 혹은 심지어 단 한 사람만이 가질 수 있는 것이기에 갈등이 생겨난다. 우두머리, 위대한 장군, 운동 경기의 승자, 가장 아름다운 여자를 아내로 맞이하는 사람은 단 한 사람일 수밖에 없다.

만일 우리가 다른 사람들도 모두 동일한 목표를 추구한다는 사실을 모른다면, 아마도 우리는 그 목표를 추구하지 않을지도 모른다. 적어도 그렇게 열렬히 추구하지는 않을 것이다. 하지만 일반적으로 그런 목표는 열렬한 추구의 대상이 되고, 또 모방 능력 때문에 우리는 그것을 열렬히 추구한다. 이렇게 해서 우리를 하나로 묶어 주는 바로 그것이 또한 우리를 분열시킨다.

'관심, 이익, 이해관계' 등을 뜻하는 'interest'라는 단어에는 인

❖ — 결국 우리는 서로 돕고 협력하는 것과 같은 이유로 서로 갈등을 빚는다. 그래서 우리는 다른 사람들을 걱정하고, 다른 사람들과 가치를 공유하거나, 그것을 놓고 대립한다.

간의 이러한 근본적 상황이 잘 함축되어 있다. 이 단어는 원래 두 사람 혹은 몇몇 사람 사이에 존재하여 그들을 묶어 주는 동시에 또한 갈라놓는 것을 뜻한다.

결국 우리가 끊임없이 갈등 속에서 살아갈 수밖에 없는 이유는 우리의 소망이 서로 너무나 비슷해서 충돌하지 않을 수 없기 때문이다. 우리 인간은 너무나 사회적인 존재라서 같은 나라, 같은 종교, 같은 언어, 같은 피부색을 지닌 인간에게 지나친 애착을 지닐 정도로 서로를 닮으려 한다. 그래서 우리는 우리와 다른 사람들을 적으로 여기고, 그들을 경멸하고 박해하기까지 한다.

이 점에 대해서는 나중에 인간의 사회성이 만들어 낸 질병이라고 할 수 있는 민족주의와 인종차별주의에 대해 다룰 때 다시 상세히 이야기하기로 하자. 우선 지금은 일반적인 통념과 반대되는 중요한 사실 하나를 네게 말해 주고 싶다. 사람들은 흔히 사회의 모든 악은 사회를 염려하지 않고 사회를 거부하는 반사회적 개인주의자들에게 그 책임이 있다고 네게 이야기할 것이다. 하지만 내 의견은 정반대다. (내 생각이 틀릴 수도 있지만 말이다.) 사회의 가장 위험한 적은 스스로를 가장 사회적이라고 여기면서, 사람들이 사회에서 추구하는 것들에 (예를 들어 돈, 다른 사람들의 찬사, 다른 사람들에 대한 영향력 등에) 거친 열정을 쏟아 붓는 사람들, 모든 것을 집단화하려 하고 우리 인간이 이처럼 다양한데도 모두 동일하기를 바라는 사람들, 공동의 가치를 확신해서 폭력을 사용해서라도 세계 전체에 하나의 선을 강요하려는 사람들이라는 것이 내 생각이다.

갈등 없는 사회 = 공동묘지

진정한 개인주의자들은 대부분 다른 사람들의 기호에 대해 개방적이다. 그들은 다른 사람들이 다른 기호를 가지고 있다는 사실에 개의치 않는다. 그들은 '공식적인' 가치 표준과 다른 자신만의 고유한 가치관을 가지고 있기 때문에 다른 사람들과 정면으로 충돌할 이유가 없다. 또 자신의 덕행을 남에게 억지로 강요하려 하지 않고, 희소가치가 있는 것을 가로채려고 거친 싸움에 끼어들지도 않는다. 희소한 것이 좀 더 높은 가치를 지니는 건 단지 많은 사람들이 그것을 가지려 하기 때문이다. 결국 공동체 생활에 가장 적합한 사람은 다른 사람들과의 협약을 지나치게 과장하지 않고, 분별을 가지고 그것을 받아들이는 사람이라고 할 수 있다.

우리 말고는 듣는 사람이 없으니까, 사람들이 욕할 만한 생각을 네 귀에 속삭여 보겠다. 『윤리, 최대한 쉽게 설명해 드립니다』에서 내가 사려 깊은 이기주의자들이야말로 윤리를 가장 잘 이해하는 사람들이라고 말했던 것을 기억하니? 많은 사람들이 나쁘게 평가하는 개인주의자들이야말로 사회에 가장 해를 끼치지 않는 사람들이다. 자기 자신을 위해서 살고, 바로 그런 이유로 타인과의 조화가 꼭 필요하다는 사실을 아는 사람들 말이다. 이들은 결코 다른 사람들의 삶과 다른 사람들의 이익을 위해서 살지 않는다.

하지만 다양한 이해관계가 얽혀 있는 갈등 그 자체가 나쁘다고는 생각하지 말기 바란다. 사회가 새로운 것을 만들어 내고, 변하고, 정체되지 않는 이유가 바로 그 갈등 덕분이니까 말이다. 놀라운 일이라고는 없는 만장일치는 매우 평온하기는 하지만, 일직선으로 흘러가는 뇌파 그래프처럼 죽도록 지루하다. 각자가 고유한 개성을 가지고 있다는 사실, 다시 말해 우리가 한 조직체의 세포가 아니라 독립적 개체라는 사실을 확인하는 유일한 방법은, 때때로 서로 대립하고 다른 사람들과 경쟁하는 것이다. 우리 모두가 똑같은 것을 원한다고 할지라도, 그것을 차지하려고 하는 과정에서 서열이 생겨나고, 하나의 문제에 대해 여러 가지 관점이 존재함을 보면서, 결국 우리는 하나가 아니라는 사실을 확인하게 된다.

명령하기를 좋아하는 사람들은 종종 이렇게 말한다. "모두가 한 사람처럼! 모두 똑같이 일어서!" 이 무슨 집단주의적인 헛소리란 말이냐! 우리가 이처럼 다양한데 도대체 왜 '한 사람처럼' 행동해야 한다는 말인가? 우리가 무슨 일을 하든지 간에 – 서로 협력하든 대립하든 간에 – 한 사람처럼 행동하기보다는 300명 혹은 1,000명처럼 (숫자는 얼마라도 좋다) 행동하는 편이 더 낫다. 우리 모두는 한 사람이 아니니까. 물론 우리는 다른 사람들과 연대하거나 공모하면서 행동해야 한다. 하지만 그렇다고 해서 그들 속에 용해되어 없어져 버리거나, 그들에게 용접되어 혼동할 정도로 유사해지면 안 된다.

사회에는 갈등이 생겨날 수밖에 없다. 피와 살을 가진 서로 다른 사람들이 나름의 독자성과 열정을 가지고 살아가기 때문이다. 갈등이 없는 사회는 공동묘지나 밀랍 인형 박물관과 다를 바 없다. 인간은 서로 경쟁하고 충돌한다. 그 이유는 다른 사람들이 우리에게 그만큼 중요하고, (때로는 너무 지나치게!) 우리가 서로를 진지하게 여기고, 그들과 함께 살아가는 삶에 중요성을 부여하기 때문이다.

결국 우리는 서로 돕고 협력하는 것과 같은 이유로 서로 갈등을 빚는다. 그래서 우리는 다른 사람들을 걱정하고, 다른 사람들과 가치를 공유하거나, 그것을 놓고 대립한다. 인간이 서로 갈등을 빚는 건 서로에 대한 평가가 매우 중요하기 때문이다. (특히 우리에 대한 남들의 평가는 매우 중요하다. 우리는 그들이 우리를 사랑하거나 칭찬하거나 적어도 진지하게 대해 주기를 바란다. 그렇지 않으면 적어도 두려워하거나.)

사람들의 수가 많아질수록 갈등의 가능성도 높아진다. 우리의 활동과 가능성이 더 증대되면, 그만큼 혼란도 커진다. 주민이 100명도 되지 않는 ― 모두가 남자와 여자로서의 규정된 역할만 하면서 규범에서 벗어날 가능성이 별로 없는 ― 아마존 부족과 복잡하기 그지없는 파리나 뉴욕의 북새통을 비교해 보렴.

정치가 갈등을 빚어내는 것은 아니다. 좋든 나쁘든, 고무적이든 치명적이든 간에, 갈등은 사회생활의 필연적 특징이다. 갈등은 역설적으로 우리가 얼마나 사회적인 존재인가를 확인해 줄 뿐이다. 따라서 정치는 (정치란 복종하는 이유와 복종하지 않는 이유를 모두 다 합친 총체라는 걸 잊지 마라) 특정한 갈등을 진정시키고, 그것을 특정한 방향으로 이끌어 그것에 특정한 형태를 부여함으로써, 그것이 암처럼 퍼져 나가 사회를 파괴하는 일을 방지하는 행위이다.

언제, 왜, 어떻게 복종하고 저항해야 하는가

나중에 전쟁과 평화에 대해 이야기할 때 자세하게 다루겠지만, 우리 인간은 원래 공격적인 존재다. 주의하지 않으면 의견 차이 때문에 서로를 죽이기도 한다. 무리를 이루고 사는 다른 동물들에게는 대개 본능적인 행동 규칙이 있어서, 이것이 무리 내부의 갈등을 억제해 준다. 늑대들은 암컷을 차지하려고 맹렬하게 싸우지만, 패자가 자발적으로 목을 내밀면 승자는 이에 만족하여 패자의 목숨을 살려 준다. 수컷 고릴라 두 마리가 싸움을 하다가, 만약 그중 한 마리가 암컷처럼 새끼 고릴라를 품에 안고 흔들면 상대 고릴라는 곧 싸움을 그만둔다. 암컷은 공격 대상이 아니기 때문이다. 이런 예들은 무수히 많다.

반면에 우리 인간은 대개 서로에 대해서 짐승만큼도 온정과 배려를 보이지 않는다. 그래서 우리 인간은 최악의 사태를 막을 수 있는 인위적인 수단을 만들어 내야만 한다. 모두가 복종하는 개인이나 제도를 내세워 이를 통해 싸움을 조정하고, 판결을 내리고, 강제력을 행사할 필요가 있다. 사람들이 싸움을 벌여 서로를 죽이거나, 약자(아이, 여자, 노인 등)를 짓밟거나, 복수가 이어져서 집단의 화합을 깨뜨리지 않도록 개인이나 제도에 의존해야 한다.

정치권력은 그 밖에 또 다른 역할도 수행한다. 모든 인간 사회에는 시민들의 협력과 협조가 필요한 일이 있기 마련이다. 외적에 대한 집단적인 방어, 전체에 커다란 이익이 되는 토목 공사 등 누구도 혼자서는 실행할 수 없는 공공의 이익을 위한 사업, 오래전부터 지켜 온 법이나 전통을 변경하거나 새것으로 교체하는 일, 자연재해나 재난의 피해자들(고아, 환자, 노인 등)에 대한 원조, 그 밖에 시민들 간의 우호를 돈독히 해 주고 각자가 조화로운 전체의 일부라는 소속감을 느끼게 해 주는 집단 축제 같은 일들 말이다. 그 어떤 형태의 정부나 ─불가피한 경우에는─ 집단을 이끌어 갈 권력 계급을 만들어 내는 일은 이런 이유에서 정당화될 수 있다. 조금만 곰곰이 생각해 보면 너도 이런 식의 정당한 근거들을 많이 찾아낼 수 있을 게다. 지금까지 나는 무언가를 건설하거나 고치는 긍정적인 일들에 대해서만 이야기했다.

하지만 정부는 몇몇 사람들이 근시안적인 이익을 추구하여 많은 사람들에게 불행한 사태(자연을 파괴하는 경우가 그 좋은 예일 것이다)를 초래하는 일도 막아야 한다. 그 밖에도 정부는 국민에게 기본 교육을 보장하고, 오랜 세기에 걸쳐 선조들이 쌓아 온 지혜와 재능의 보고를 모두가 나누어 가지게 하는 일도 해야 한다.

무정부주의자들은 이런 요구와 필요성을 대부분 인정하면서도, 국가 권력과 기구는 해결하는 일보다 더 많은 심각한 문제점을 낳는다고 - 정당한 근거 없이 - 주장한다. 문제를 해결한다면서 나중에 가서 보면 제거하는 악보다 더 많은 악을 만들어 낸다는 것이 그들의 주장이다.

예컨대 폭력을 뿌리 뽑는다는 미명 아래 군대와 경찰을 창설하여 수많은 폭력 행위를 저지르고, 약자를 돕는다는 구실로 질서를 지나치게 강조하여 결국 모든 사람을 나약하게 만들고, 사회적 단결이라는 미명 아래 개인의 자발성과 창의성을 억압하고, 전체(조국, 민족, 문명 등)에 신성불가침의 인격을 부여해서 외국인이나 주변인 혹은 반대파에 대한 증오를 부추기며, 교육을 교리나 권력자 혹은 그들에게 유리한 일반 통념에 복종하게 만드는 도구로 전락시킨다는 것이다. 무정부주의자들에 따르면 결국 정부는 특수한 집단을 '명령 전문가'로 만들어 폭력을 통해 이들을 '영원한 구원자'로 내세움으로써 나머지 사람들을 '복종 전문가'로 전락시킨다.

태초부터 지금까지에 이르는 역사 전체를 훑어보면, 우두머리나 국가에 대한 그런 비난이 상당한 근거가 있음을 인정할 수밖에 없다. 하지만 내가 보기에는, 가장 잔인한 사람들이나 가장 어리석은 사람들의 (흔히 이 둘은 똑같은 부류이지만) 자유를 제한하기 위한 어떤 종류의 집단적인 지휘나 강제력이 없이, 수백만의 사람들이 저절로 조화와 평화를 유지하며 함께 살아가는 기적을 기대한다는 것 또한 불합리한 일이다. 우리 인간에게 이것은 과거에도 적합하지 않았고, 현재에도 적합하지 않으며, 아마도 십중팔구는 미래에도 적합한 일이 아닐 것이다.

그래서 나는 특정한 명령권(물론 아무 명령이나 다 된다는 말은 아니다), 특정한 지도자(아무 지도자나 상관없다는 뜻이 아니다), 특정한 정부(이 역시 아무 정부나 상관없다는 뜻은 아니다) 등이 필요하다고 생각한다. 결국 우리는 처음에 제기한 문제로 다시 돌아왔다. 정치가 무엇인가 하는 문제 말이다. 우리는 누구에게 복종해야 하는가? 언제 복종해야 하는가? 얼마나 오랫동안, 왜 복종해야 하는가? 물론 이 문제도 포함되겠지. 언제, 왜, 어떻게 저항해야 하는가?

「리바이어던」

더 나아가 사람들은 그들 모두에게 두려움을 느끼게 하는 권력이
존재하지 않는다면 공동생활에서 즐거움이 아니라 반대로 염증을
느낀다. (⋯) 그런 상황 아래에서는 결실을 수확할 수 있으리라고 확
신할 수 없기 때문에 사람들은 생산 활동에 땀을 쏟지 않게 된다.
따라서 농업도, 항해술도, 바다를 통해 들여오는 풍부한 상품도, 편
리한 건축물도, 운반하는 데 많은 힘이 드는 물건들을 움직이게 하

는 기계도, 지표면에 대한 지식도, 시간 측정도, 예술도, 문학도, 사회관계도 없을 것이다. 가장 고약한 건 그런 상황에서는 무엇보다 끊임없이 밀려오는 폭력에 의한 죽음의 공포와 위험이 지배하게 되리라는 사실이다. 그리하여 인간의 삶은 고독하고 옹색하고 구역질나는 짧은 것이 된다.

_토머스 홉스, 『리바이어던』

내가 여기서 말하고자 하는 바는 그토록 많은 사람들, 마을들, 도시들, 민족들이 어떻게 해서 때로 단 한 사람에 불과한 폭군을 참고 견디는가 하는 사실이다. 그들이 부여한 권력밖에는 아무 권력이 없고, 사람들이 참고 견딜 만큼만 해를 입힐 수 있고, 사람들이 저항보다 참고 견디는 것을 택하지 않는다면 그들에게 어떤 해악도 저지를 수 없는 폭군에게 말이다. 이것은 틀림없이 매우 기이한 일인데도 매우 당연하게 받아들여지고 있다. 수백만이나 되는 사람들이 더 강한 힘에 의해 강요되어서가 아니라, 그 권력을 두려워할 필요가 없는 한 사람의 이름이 불러일으키는 마법과 마술에 홀려 목에 쇠사슬을 차고 비참한 노예 상태에 놓여 있는 것을 보면 한탄보다는 기이하다는 느낌이 든다.

_에티엔 드 라 보에티, 『자발적인 노예 상태에 대한 담론』

통치된다는 것은 감시받고, 통제되고, 염탐당하고, 좌지우지되고, 법을 강요당하고, 제어되고, 감금당하고, 세뇌당하고, 형벌을 받고, 세금을 부담하고, 평가당하고, 점검받고, 명령을 받는 일이다. 이 모든 일을 능력도, 학식도, 덕도 없는 존재로부터 당한다.

통치된다는 것은 모든 활동이 기록되고, 등록되고, 검열되고, 산정되고, 소인이 찍히고, 측정되고, 등급이 매겨지고, 특허를 받고, 경고를 받고, 허가받고, 인가되고, 추천받고, 고삐에 매이고, 변형되고, 개선되고, 교정되는 일이다. 또 공익이라는 구실과 전체의 이익이라는 명분 아래 세금이 부과되고, 행정 처분을 받고, 횡령당하고, 착취당하고, 요구당하고, 수탈당하고, 기만당하고, 강탈당하는 일이다. 또 미미한 저항과 불평 한마디에도 억압당하고, 처벌당하고, 비방당하고, 고통당하고, 박해당하고, 학대받고, 구타당하고, 무장 해제를 당하고, 속박당하고, 감옥에 투옥되고, 총살당하고, 살해당하고, 심판받고, 처벌당하고, 추방당하고, 희생당하고, 매수되고, 배반당하고, 모욕당하게 된다. 이것이 바로 정부이고, 정부가 말하는 정의이고, 정부가 말하는 도덕이다.

_피에르 조제프 프루동, 『19세기 혁명의 보편적 이념』

앞에서 제시한 국가의 토대로부터 다음과 같은 명백한 사실이 추론된다. 즉 국가의 궁극적인 목적은 인간을 지배하고, 인간을 공포 속에 구속해 낯선 힘에 종속시키는 것이 아니라, 오히려 개인을 공포에서 해방함으로써 안전한 삶을 영위하게 하고 자신이나 남에게 아무런 위해를 입히지 않으면서 살아가고 행동하는 자연적인 권리를 최대한 보존하는 데 있다.

국가의 목적은 이성적 존재인 인간을 동물이나 꼭두각시와 같은 존재로 만드는 것이 아니라, 오히려 인간의 정신과 육체가 아무런 위협을 받지 않고 온전히 그 힘을 발휘하게 하고, 인간이 자유로이 자신의 이성을 사용하게 하며, 증오나 분노나 술책으로 인해 서로 싸우거나 적대하지 않고 살 수 있도록 하는 데 있다. 국가의 진정한 목적은 자유다.

_베네딕트 데 스피노자, 『신학-정치학 논고』

나는 반항한다. 고로 우리는 존재한다.

_알베르 카뮈, 『반항인』

3

지도자,
절대 권력의 탄생

모든 사람을 두려워하기보다는
한 사람을 두려워하는 게 낫다?

　16세기의 젊은 문필가로서 몽테뉴의 친구이기도 했던 에티엔 드라 보에티는 얼핏 보기에는 아주 단순하지만 실제로는 매우 심오하고 근본적인 질문을 던졌다. 모든 사회의 구성원들은 그들의 수가 훨씬 많은데도 왜 한 사람에게 – 폭군이건, 왕이건, 독재자건, 대통령이건 또는 사장이건 간에 – 복종하는 것일까? 그를 내쫓아 버리거나 창밖으로 내던져 버리지 않고, 왜 그의 명령에 복종하는 것일까? 어떤 지도자도 육체적으로 국민 전체만큼 강하지는 못하며, 국민들 중 그에게 반기를 드는 네댓 명만큼의 힘에도 미치지 못한다.

　그런데 왜 칼리굴라 같은 위험한 미치광이나, 또 예나 지금이나 존재해 왔고, 앞으로도 나타날 저 수많은 무능력한 통치자들에게 복종하는 것일까? 그의 경비병이 두렵기 때문일까? 그럼 경비병들은 왜 통치자에게 복종할까? 봉급 때문에? 하지만 만일 경비병들의 관심사가 돈이라면, 왜 통치자가 가진 것을 모두 빼앗아 버리지 않는 걸까? 사람들은 칼리굴라나 루이 16세 같은 무능한 통치자들을 제거하고 나서도 왜 즉시 그들보다 별로 나을 것 없는 자들을 후임자로 정할까?

앞 장에서 우리는 사람들이 커다란 불편을 감수하면서도 개인의 자유를 일부 포기하고 다른 사람에게 기꺼이 복종하는 몇 가지 이유를 살펴보았다. 결론적으로 사람들은 공동체에서 함께 살아가는 일의 이점을 충분히 이용하기 위해서 기꺼이 다른 사람에게 복종을 하며, 그에 따른 가장 큰 이점은 힘을 하나로 모음으로써 누구도 혼자서는 결코 이룰 수 없는 목표에 도달할 수 있다는 것이다.

힘을 하나로 모으는 일은 단일한 지휘 체제 아래에서만 가능하다. 사회적 단합이 일시적이지 않고 믿을 만한 것이 되기 위해서는 그 지휘 체제가 안정성을 가져야 한다. 19세기의 사상가 프리드리히 니체가 말했듯이, 사회란 사회 구성원들이 스스로 정한 일련의 명시적이거나 묵시적인 약속에 근거를 두고 있다. 그런데 이 약속이 이행되기 위해서는 그것을 보장해 줄 만큼 충분한 권위를 지닌 사람이 있어야만 한다. 그렇지 않다면 사람들이 굳이 공동생활을 하면서 불편을 겪을 이유가 없겠지. 이런 권위가 없다면 사람들 사이의 갈등이 걷잡을 수 없는 폭력으로 끝맺게 될 위험이 있다.

다른 사람의 사상은 가능하면 삼가고 주로 내 생각을 이야기하겠다던 애초의 약속과는 달리 너무 많은 이름들을 늘어놓고 있는 건 아닌지 모르겠구나. 그래도 유명한 사람의 이야기를 하나 더 인용해야겠다. 17세기 영국의 철학자 토머스 홉스에 따르면 인간은 자기 자신이 두려워서, 즉 명령을 하고 자신들의 싸움을 중재해 줄 사람을 정해 놓지 않으면 자신들의 삶이 어떻게 될까 두려워서 지도자를 만들었다.

홉스는 인간에 대해 비관주의적인 ('현실주의적인'이라고 말해도 좋다) 시각을 가지고 있었기 때문에 인간은 다른 인간에게 야수 같은 존재가 될 수 있다고 생각했다. 아무리 강한 인간이라고 할지라도 결코 안전할 수가 없다는 말이다. 인간은 잠을 자야만 하는데, 바로 그 순간에는 아무리 약한 적도 그에게 몰래 다가가 쉽게 그를 죽일 수 있으니까 말이다. 항상 서로 적대하고 있는 상황에서 치명적인 공격을 당할지도 모른다는 두려움에 떠는 개인들의 삶은 어둡고 잔혹하고 짧을 수밖에 없다. 그래서 차라리 모두가 폭력적 충동을 포기하고, 폭력을 독점하고 있는 한 사람에게 복종한다는 것이다.

홉스의 말은 '모든 사람을 두려워하기보다는 한 사람을 두려워하는 편이 낫다'는 뜻이다. 심지어 저 무시무시한 칼리굴라라고 할지라도, 그가 변덕스러운 기분이 아니라 명백한 규범에 따라 행동한다면, 우리 모두의 마음속에 있는 수많은 칼리굴라가 날뛰는 것보다는 한 명의 칼리굴라가 차라리 낫다는 말이다.

지도자, 인간의 열정과 나약함을 초월하는 위험한 존재

　명령권을 부여받은 지도자들은 인간 이상의 특별한 존재로서 항상 존경과 숭배의 대상이 되었다. 모두가 한 사람에게 복종하는 관습은 많은 피를 흘리고 얻어진 것이므로, 지도자들은 엄청난 집단적 압력 아래에서 그 역할을 받아들여야만 한다. 그래서 관직을 가진 사람에게는 일종의 신성한 공포와 같은 후광이 둘러싸여 있는 것이다. 조그만 도시의 시장이라고 할지라도 말이다.

　모든 수장은 건드릴 수 없는 일종의 터부 같은 권위를 지닌다. 그렇지 않다면 한순간도 권력을 유지할 수 없다. 지도자들이 신과 혈족 관계라고 주장하고, 또 때로는 지상의 신으로 여겨졌던 것도 바로 그 때문이다. 고대의 사람들은 왕이 사회의 질서뿐만 아니라 자연의 질서에도 책임이 있다고 생각했다. 왕은 법령을 공포하고 전쟁에서 승리를 거두는 일 외에, 풍작을 가능케 하는 비도 내리게 해야 했다. 왕의 능력에 대한 그런 믿음은 당사자인 왕에게 기분 좋은 측면도 물론 있지만, 매우 위험한 것이기도 했다. 가뭄이 든 까닭이 군주가 지나치게 술을 마시기 때문이라고 여겨지면 백성들이 군주의 목을 자르기도 했으니까 말이다. 요컨대 어떤 사람도 자기와 동등한 수준의 사람에게는 복종하지 않는 법이다.

　사람들이 흔히 지도자를 신격화하고 찬탄과 특권으로 감싸는 이유는 바로 이 때문이다. 지도자가 사람 이상의 존재라고 생각함으로써 모욕감을 느끼지 않고 그에게 복종할 수 있는 것이다. 지도자가 우리를 실망시킬 때 지극히 잔인하게 그들을 다루는 까닭도 역시 마찬가지다. 우리는 지도자들에게 아주 특별한, 즉 보통 사람들보다 훨씬 큰 권력을 허용한다. 하지만 같은 이유로 보통 사람들에게 허용하는 약점을 그들에게는 결코 용납하지 않는다. 자기와 동등한 사람에게 복종해야 하는 의무를 사람들은 이미 수천 년 전부터 용납할 수 없었던 것이다.

지도자는 다른 사람들과 다른 존재이거나(예를 들면 신처럼), 특출한 특징을 가지고 있거나, 혹은 명령을 통해 개인을 넘어서는 법을 대변해야 했다. 물론 지도자 자신도 그 법을 따라야 했다. 우리가 복종해야 하는 사람을 인간 이상의 존재로 생각하고, 인간의 열정과 나약함을 초월하는 존재로 미화하려는 것보다 더 인간적인 일은 없다. 지도자나 공동체의 다른 모든 구성원에게 이보다 더 인간적인 일은 없으며 또 이보다 더 위험한 일도 없다.

명령을 내리는 사람은 어떤 사람이어야 할까?

사회적 권위의 초기 형태는 가정의 권위와 유사했을 것임에 틀림없다. 부모야말로 모든 인간이 복종한 최초의 우두머리였으니까 말이다. 부모가 아이들에게 신과 같은 존재가 되는 까닭은 아이들의 생존이 바로 부모의 손에 달려 있기 때문이다. 나중에 아이들은 부모가 힘이 더 세고 더 많이 안다는 두 가지 이유로 부모에게 복종하게 된다. 육체적인 힘과 지혜는 - 경험을 통해 얻은 지식은 - 복종을 유익한 것으로 여기게 하는 원시적이면서도 효과적인 근거가 된다.

네게 이미 말했듯이 우리는 다른 사람의 도움을 통해 우선 생존을 확보하고, 그다음에는 죽음이라는 재난에 대해 사회적으로 면역되어 완전한 삶을 얻으려 한다. 부모(또는 부모의 역할을 하는 모든 사람)의 힘은 외부의 공격으로부터 우리를 보호해 주기 때문에 우리의 첫 번째 욕구와 맞아떨어진다. 또 부모의 경험은 우리를 위험으로부터 지켜 주고, 필요한 것을 얻는 방법을 가르쳐 주며, 다른 사람과의 의사소통을 가능하게 하고, 공동체에 동화될 수 있도록 해 준다. 부모의 힘과 지혜 덕분에 우리는 위험하고 나약한 어린 시절을 상징과 법률과 놀이의 보호 속에서 살아남을 수 있다. 삶을 시작하기 위해 어린아이에게는 그런 힘과 정보가 필요하다. (또 애정도 필요하고, 인정받고 사랑받는다는 느낌도 필요하다.) 그래서 정치적 권위가 애정을 쏟는 일과는 전혀 어울리지 않아도 지도자들은 항상 그런 척하는 것이다. 또 어른들에게도 그러한 힘과 지혜는 공동체의 '아버지'에 해당하는 사람에게 복종하는 가장 중요한 이유가 된다.

물론 아이들은 자기 부모보다 더 강하고 지혜로운 사람들이 공동체 안에 있다는 사실을 금방 깨닫게 된다. 근본적으로 모든 공동체나 사회집단은 어린애 같은 모습을 가지고 있다. 수많은 개인들의 모임은 항상 한 개인보다 더 유치한 법이다. 더 단순하고, 충동적이고, 미성숙하고, 변덕스럽고 특히 더 불안정하다. 더 이상 부모가 필요 없는 어른으로 성장하여 공동체의 일원이 되면, 사람은 다시 어

✧ — 처음에는 가장 힘세고 현명한 사람이 지도자가 되었지만, 나중에는 이미 지도자의 위치를 차지하고 있기 때문에 가장 현명하고 힘센 존재가 되었다.

린애가 된다. 부모만이 줄 수 있는 힘과 지혜를 요구하게 되는 것이다. 참 기이한 일이지. 어떤 점에서는 개인의 능력을 증가시켜 주는 공동체가 또 다른 점에서는 개인을 왜소하게 만들어 또다시 의존적이고 불안정한 존재로 만드니까 말이다.

　사회에 의해 왜소화되지 않고, 사회가 제공하는 힘의 확장 가능성만을 이용할 수 있는 방법은 없을까? 매우 중요한 문제인데, 유감스럽게도 나로서는 불충분한 대답밖에 해 줄 수 없다. 인간 사회의 '부모들'이 사람들의 복종을 받아낼 만한 힘과 지식을 가지고 있어야 한다는 것이다. 그들은 유능한 사냥꾼, 용맹한 전사, 강력한 마법사, 훌륭한 건축가여야 하고, 적을 무너뜨리고, 가뭄과 홍수를 예견하고, 대립적인 당파나 개인 사이의 이해관계를 조정하고, 또 멋진 축제를 열어서 공동체의 구성원들이 일상과 노동에서 벗어나 다른 사람들과 어울려 함께 행복을 느끼도록 해야 한다. 나라의 부모들에게는 할 일이 너무나 많다! 하지만 결국 그 때문에 우리가 그들에게 대가를 지불하는 게 아니겠니.

사람들이 흔히 말하는 대로 우리가 '원시적'이었던 문명의 초기에는 (사실은 지금도 여전히 원시적이기는 하지만 말이다) 가장 힘세고, 가장 유능하고, 가장 경험이 많은 사람만이 우두머리가 될 수 있었다. 고대에는 나이 든 사람들이 매우 중요한 존재였다. 이들이 '기억'이라는 보물을 지니고 있고, 집단이 새롭게 발견한 것들을 계속 보존했기 때문이다. 이런 것을 보존할 문자가 없었고, 설사 있다고 하더라도 대부분의 사람들이 읽을 줄 모르던 시대였으니 그럴 수밖에 없었겠지.

이미 말했듯이 공동체 안의 삶에서 얻는 가장 큰 이점 중의 하나는, 혼자서는 발견하는 데 많은 시간이 걸리거나 결코 발견하지 못할 많은 재주와 능력을 원점에서 새로 시작할 필요 없이 곧바로 얻을 수 있다는 것이다. 예를 들어 내가 텔레비전이나 수레바퀴 하나를 발명하려 한다면 매우 오랜 시간이 걸릴 테고, 네가 선조들의 도움 없이 대수학을 혼자 고안해 내는 일은 절대 불가능하겠지.

고대에 나이 든 사람들의 회의는 커다란 권위를 지니고 있었다. 이러한 사실은 고대 로마에서 가장 큰 권위를 지녔던 '원로원senator'이라는 단어에 잘 표현되어 있다. (이 말은 원래 나이 먹은 사람을 뜻하는 'senior'에서 나왔다.) 나중에 문자가 발명된 덕분에 지식과 기억과 전설이 개인의 기억력에 의존할 때보다 더 확실한 토대를 갖게 되었지만, 원로들의 경험과 성숙함, 사람들의 흥분과 열정을 침착하게 다스리는 원로들의 태도는 고대 사람들이 그들의 지도력을 신뢰할 수 있을 만큼 모범적이었다. 게다가 나이는 권위를 인정하는 데 충분히 객관적인 기준이 될 수 있었다. 이렇게 해서 이제 우리는 아주 중요한 문제에 이르게 되었다. 명령을 내리는 사람은 과연 어떤 사람이어야 할까?

원시 부족에게는 상대적으로 간단한 문제였다. 누가 가장 힘이 센지 금방 알 수 있었을 테니까. 예를 들어 사냥으로 먹고사는 집단은 가장 굼뜬 사람이 아니라 가장 뛰어난 사냥꾼의 명령에 복종할 게다. 그것도 그 사람이 가장 커다란 신임을 받을 만한 공적을 보여주는 동안만 말이다. 나이가 너무 많이 들었거나 중대한 실수를 저지르면, 한순간에 권력을 잃게 될 수도 있다.

러디어드 키플링의 『정글북』에서 모글리를 키워 준 늑대 떼의 우두머리 아켈라를 기억하고 있겠지? 아켈라는 먹이를 사냥할 때마다 자기 능력을 십분 발휘했다. 그러던 어느 날 마침내….

최초의 부족들이 따랐던 기준도 아켈라가 이끄는 늑대 무리의 기준과 별로 다르지 않았다. 전쟁의 경우에도 마찬가지다. 전투가 벌어지면 가장 재미있고 부드러운 사람이 아니라 가장 힘세고 용감하고 사납고 잔인한 사람을 신뢰하게 된다. 그런 경우에 처한다면, 너나 나도 우리를 지켜 주고 적을 정복할 수 있게 이끌어 줄 능력을 가진 사람을 선택할 수밖에 없겠지. 삶이 오로지 방어하고 정복하는 일로만 이루어진 상황에서는 다른 도리가 없을 테니까. 게다가 덩치가 크고 힘센 사람은 흔히 스스로 지도자로 나서려 한다. 여기에 항거하려면 위험을 무릅써야겠지. 지휘권을 놓고 그 사람과 다툴 능력이 있는 사람이 나오기 전까지는 어쩔 수가 없다. 그래서 육체적인 힘, 훌륭한 사냥 솜씨, 좋은 거주지를 고르는 능력, 나이에서 오는 경륜과 원로들의 기억 같은 것들이 명령권과 복종을 정당화할 수 있는 최초의 기준이 될 수밖에 없었다.

명령하기 위해서 태어난 사람, 복종하기 위해서 태어난 사람

지금까지 우리는 아주 단순한 집단을 예로 들었다. 이런 집단은 그 구성원이 얼마 되지 않기 때문에 복잡한 일이 별로 없고 상당히 단순한 생활을 영위했다. 하지만 집단이 커져서 맡은 일이 다양해지면, 정치도 그만큼 복잡해진다. 지휘권을 쥐려는 후보자들이 많아지고, 이들 각자가 지지자들을 등에 업고 있어, 권력 다툼이 부족의 단합을 위협할 정도가 된다. 게다가 지도자가 해결해야 할 문제도 이제 더 이상 사냥이나 전쟁과 같은 단순한 문제가 아니라 결정을 내리기에 복잡한 일들이다.

부족이 일정한 지역에 정착해 농업에 종사하게 되면서 토지의 분배와 소유권, 유산 상속과 결혼 풍습, 필수적인 공공사업, 그 밖에 우리가 알고 있는 모든 문제들을 둘러싸고 충돌이 생기기 시작했다. 이제 더 이상 전투에서 가장 많이 승리를 거둔 사람이 아니라, 이웃 부족과의 사이에 평화를 이루어 내 그들과 교역을 할 수 있도록 해 주는 사람이 가장 훌륭한 지도자로 받아들여졌다.

여전히 많은 사람들이 상업을 경멸하고, 상술과 금전욕에 대해 좋지 않게 이야기를 하곤 한다. 상인들의 탐욕스러운 마음이란 그 얼마나 추악한가! 이런 비난들 말이다. 하지만 처음으로 전쟁을 대신한 것이 거래였으며, 최초의 평화주의자들은 이웃 부족과의 평화로운 거래를 통해 더 많은 이득을 얻어 내려던 상인들이었다는 점을 잊지 마라.

다른 경우와 마찬가지로 여기서도 우리는 하나의 원칙을 확인할 수 있는데, 이 원칙에 대해 깊이 생각해 보기를 바란다. 인간을 움직이는 것은 이해관계이며, 어떤 행동이 이익을 가져다 준다면 인간은 이를 결코 포기하는 법이 없다. (예를 들어 전쟁도 마찬가지다.) 그 이익을 포기하는 유일한 경우는 이를 통해 더 많은 이익이 생길 때뿐이다. 그 결과 고도로 발달한 안정된 상업 사회일수록 힘과 지혜라는 기준은 과거보다 훨씬 복잡한 문제가 된다. 이 기준은 물론 여전히 유효하지만 훨씬 세련된 모습으로 나타나야 한다.

게다가 법률에도 많은 어려운 문제점들이 생겨나게 된다. 초기의 부족 사회에는 우리가 오늘날 알고 있는 것과 같은 법이 없었다. 공동체 생활의 여러 가지 국면을 규정하는 규약이나 규범은 전통이나 전설 혹은 신화에 의존하고 있었다. 한마디로 집단의 기억에 그 근거를 두고 있었고, 그 기억을 관리하고 보존하는 책임자는 – 앞에서 말했듯이 – 나이가 많은 사람들이었다. 법률은 '항상 그렇게 해 왔던 것'과 '이러저러한 이유로 그렇게 되길 바라는 것'을 구별하지 않은 채, 사람들이 항상 행해 오던 관습을 근거로 만들어졌다. 부족민들에게 어떤 규범을 지키게 하는 가장 중요한 논거는 "이건 항상 그래왔던 거야"라는 말이었다. 그리고 '항상 그래 왔던' 이유를 설명하기 위해 사람들은 집단의 시조인 영웅적인 선조에 대한 전설이나 신의 명령에 의존했다.

너도 짐작하겠지만 당시에도 사람들은 항상 규범이 명하는 대로 행동하지는 않았다. 각각의 규범은 원래 어떤 구체적인 문제를 해결하기 위한 시도로서 생겨나지만, 훗날 사람들이 이것을 집단의 전설적인 건국 시기에 생겨났다고 주장함으로써 더 이상 문제 삼지 못하게 된다. 반면에 현대인들은 오래된 것을 모두 의심하고 믿지 않는다. 우리는 새롭고 가장 최근에 발견된 것만이 가장 참된 진리라는 생각에 익숙해져 있다. 하지만 이른바 원시 사회에서는 이와 반대로 오랜 세월을 통해 검증된, 지혜롭고 신과 같은 선조들이 만들어 놓은 것만 믿을 수 있다고 생각했다.

오늘날 우리는 때로 고대인들의 사상과 이론에서 묵은 먼지를 털어 내고 그것들을 새로운 각도에서 재조명하여 세상 사람들의 흥미를 끌기도 한다. 반면에 고대인들은 새로운 사상이나 법률도 오래된 전설에 연결될 수 있어야만 받아들였다. 기억과 반복을 사명으로 하는 집단의 연장자들과, 현재 당면한 어려운 문제를 해결하기 위해 떠오른 생각이 태곳적의 규범과 일치함을 증명해야 하는 젊은 사람들 사이에 엄청나게 많은 싸움이 일어났을 것임에 틀림없다.

예전에는 권위를 정당화하는 가장 기본적인 형식인 합법성이 늘 과거에 기초를 두고 있었다. 왜 부모는 항상 아이보다 더 강하고 지혜로울까? 그것은 부모가 아이보다 먼저 이 세상에 나왔기 때문이다. 원시인들의 논리에 따르면, 우리 부모의 부모의 부모들은 이 시대 부모들보다 틀림없이 더 강하고 지혜로웠으며 신들의 친척이거나 친구였다. 조상들이 좋다고 여기면 그것은 곧 신이 그들에게 그렇게 알려 준 것이기 때문에, 신보다 훨씬 미약한 인간들이 이에 대해 논란을 벌여서는 안 되었다.

지도자들도 이와 똑같은 방식으로 스스로를 정당화했다. 명령을 내릴 가장 훌륭한 자격을 갖춘 사람은 신에 가까운 영웅이거나 신의 혈통을 이어받은 신화적 지도자의 직계 후손이라는 것이다. 고대 이집트의 파라오, 인디언 추장, 고대 페르시아의 태수, 왕 등이 가진 권력의 토대는 바로 가문이나 혈통이었다. 그리고 이를 꼭 나쁘다고 할 수만은 없다. 이를 통해 왕좌를 요구하는 사람의 수를 줄일 수 있고 정권 다툼도 한두 집안의 문제로 제한할 수 있었으니 말이다. 평민들은 입 닥치고 있으라는 뜻이지.

오래전에는 지도자가 되기 위한 덕목이었던 힘과 지혜가 세월이 흐르면서 지위를 가진 사람의 속성으로 변했다. 다시 말해 처음에는 가장 힘세고 현명한 사람이 지도자가 되었지만, 나중에는 지도자의 위치를 차지하게 되면 가장 현명하고 힘센 존재가 되었다. 그리고 처음이나 나중이나 지도자에게 가장 중요한 덕목은 정치적 혼란이나 내전, 한 집단의 이익만을 노리는 위험한 개혁은 최대한 피하면서 사회의 안정과 번영을 확고히 하는 일이었다.

하지만 실제의 결과는 중간 정도의 성적밖에 내지 못했다. 왕위 찬탈, 형제 살해, 생물학적 우연이나 운명의 장난을 통해 권좌에 오른 괴물 같은 자들의 폭정을 피할 수 없었기 때문이다. 이런 일들에 대해서 알고 싶으면, 셰익스피어를 읽거나 역사책을 뒤적여 보려무나.

고대에는 권력을 신화시대나 신에게서 비롯된 것으로 여겼기 때문에 과거의 전문가이자 신의 대변자인 사제들이 정치적 투쟁의 중요한 인물로 부각되었다. 권력을 쥐고 싶은 사람은 사제들과 뜻이 맞아야 했고, 그들의 지지와 승인을 얻어야 했다. 법률도 종교에 토대를 두고 있었다. 법률이란 논란의 여지가 없는 신의 뜻이었고, 사제들은 바로 이 신의 뜻을 해석하는 사람들이었으니까 말이다. 인간의 법률은 있을 수가 없었다. 모든 건 하늘이나 과거에서 유래되었다. 특별히 야심이 많은 몇몇 지도자들은 왕과 제사장 직을 겸하여 자신의 권력을 더욱 굳건히 하려고 기도했다. 어떤 사람들은 한술 더 떠서, 자기 선조가 신이었으니까 자기도 신이라고 주장하기도 했다. 어쨌든 그렇게 믿는 것이 의무였다.

파라오나 다른 우두머리들이 그들에게 허락할 때 외에는, 사회 구성원들이 권력 배분 문제에 개입할 수 있는 경우는 거의 없었다. 혈통, 전통, 신탁에 근거하여 명령을 내리는 절대 권력 앞에서 어느 누구도 자신의 권리나 주장을 펼칠 수 없었다. 이것이 이집트, 메소포타미아, 중국, 고대 아메리카의 아스텍 왕국과 잉카 제국, 아프리카 왕국 등에서 볼 수 있던 삶의 모습이었다. 인간 사회의 정치적 문제가 영원히 이런 식으로 해결될 수도 있었을 것이다. 꿀벌이나 개미의 사회와 마찬가지로 어떤 사람들은 명령하기 위해 태어나고, 또 어떤 사람들은 복종하기 위해서 태어나는 식으로 말이다. 그런데 그리스인이 나타나 그들의 혁명적인 사상을 통해 모든 것을 변화시키기 시작했다.

러디어드 키플링

정글의 법칙이라는 게 뭐니? 우선 공격을 가하고, 소리를 질러라. 네가 두려움을 모른다는 바로 그것 때문에 그들은 네가 인간이라는 걸 알게 될 거야. 하지만 조심해라. 아켈라는 사냥할 때마다 양을 잡느라고 많은 고생을 하고 있다. 아켈라가 먹이를 놓치는 순간부터 그놈들은 너와 아켈라를 배반할 거야. 바위 옆에서 정글 회의를 열 것이고, 그러면… 그러면….

_러디어드 키플링, 『정글북』

내가 보기에 처음 국가가 생겨날 때 주목해야 할 사실은 그 발달 과정이 무의식적이라는 점이다. 그러한 엄청난 변화에 참여한 사람들이, 자신들이 이루어 낸 것을 의식하고 있었다고는 보이지 않기 때문이다. 분배의 균형이 세대에서 세대를 거치면서 눈에 띄지 않게 조금씩 한 사람에게로 옮겨지면서, 인류는 다수가 자신을 낮추고 소수를 높이는 사회생활 양식으로 접어들게 되었다.

_마빈 해리스, 『식인 풍습과 제왕』

부족장은 점점 더 권력에 도취했다. 그는 처음에는 신의 자격으로, 나중에는 힘으로 자신의 이익을 위해 통치했다. 오직 부족장만이 그의 영원한 과업을 위해 재물을 축적할 수 있었다. 오직 부족장만이 무덤을 통해 자신의 죽음의 흔적을 남길 수 있었다. 부족장이야말로 개인의 탄생을 의미한다.

_자크 아탈리, 『수평선』

죽음을 피하려는 개인들의 노력의 결과로 권력이라는 어마어마한 구조가 생겨났다. 한 개인의 생존을 지속하기 위해 수많은 죽음이 필요하기에 이른 것이다. 역사란 이로부터 생겨난 혼란을 말한다. 이로부터 참된 계몽도 생겨났는데, 모든 개인이 지속적 생존을 요구할 권리가 있다는 사상은 바로 여기에 근거를 두고 있다.

_엘리아스 카네티, 『인간의 영역』

4

민주주의,

인류 역사상
가장 혁명적인 발명품

그리스인의 광기가 준 선물

　호메로스가 쓴 『일리아스』의 두 번째 장을 기억하고 있겠지? 그리스의 가장 두려운 전사 아킬레우스가 아가멤논에게 화가 나 전투에서 손을 떼는 장면 말이다. 정말 긴 전투였다. 성으로 둘러싸인 도시 트로이를 10년 동안이나 그리스인이 포위하고 있었으니까. 그리스 아카이아 군대의 수많은 사령관들이 이 새로운 상황에서 어떻게 해야 할지 논의하려고 모였다. 포위를 풀고 집으로 돌아갈 것인가, 아니면 화가 난 아킬레우스의 도움 없이 맹목적으로 계속 트로이를 공격할 것인가? 사람들은 이 두 가지 의견으로 갈려 있었다. 전사들 내부에서도 여러 가지 의견들이 나왔는데, 그중에는 심지어 아가멤논왕의 권력 남용과 변덕에 염증이 난 평민 테르시테스가 주도하는 반란 시도도 있었다.

테르시테스는 오만한 아가멤논을 그의 전리품과 함께 트로이 성문 앞에 내버려 두고 그리스로 돌아가자는 주장을 펼쳤다. 자신이 다른 사람들보다 우월하다고 생각하는 테르시테스가 다른 사람의 도움 없이 자신의 주장을 어떻게 관철할지 한번 지켜보자! 그런데 오디세우스가 들어와 테르시테스뿐 아니라 왕들의 논의에 참견하려는 모든 평민의 말문을 가차 없이 막아 버린다. 그는 "입 닥쳐! 모든 사람이 왕이 될 수는 없는 거야!"라고 말한다. 복종하기 위해 태어난 사람들이 명령하기 위해 태어난 사람들의 토론에 끼어들면 안 된다는 말이겠지. 결국 가엾은 테르시테스(이 이름은 '후안무치한 놈'을 뜻한다)는 오디세우스에게 왕홀王笏로 얻어맞아 등에 구렁이처럼 굵은 상처를 입고, 한쪽 구석에 처박혀 눈물을 흘리게 된다.

호메로스는 테르시테스가 추하게 생긴 꼽추라는 사실을 여러 번 강조하는데, 이를 통해 그런 자가 감히 가장 훌륭하고 강한 영웅들을 가르치려 한 것이 후안무치한 짓임을 분명히 표현하고 있다.

『일리아스』의 이 장면에서 호메로스가 보여 주고 있는 모습이 바로 초기 민주주의의 모습이라고 말한다면, 너는 아마도 내가 너를 우롱하려 한다고 생각할 게다. 하지만 내게는 정말로 그렇게 보인다.

트로이에 대항하여 동맹을 맺은 그리스 제 민족의 왕과 영웅들은 우리가 앞 장에서 이야기한 관례적인 절차에 따라 왕위에 올랐다. 그들은 힘이나 계략에서 남들보다 두각을 나타냈을 뿐만 아니라 혈통에 의해 대대로 통치권을 인정받는 가문의 후예들이었다. 남성의 정자가 정치에서의 합법적 '권리'를 부여해 주었던 것이다! 이들은 트로이와의 전쟁에 참여하면서도, 자신들이 다른 왕들과 동등하다고 생각하고 있었다. 이들은 비록 아가멤논을 지휘자로 인정하기는 했지만, 이것은 다만 군사적인 이유에서, 그리고 또 이 원정이 아가멤논의 동생 메넬라오스의 부정한 아내 헬레네를 트로이인에게서 되찾기 위해 시작되었다는 이유에서였다. 그런데 아가멤논이 임시 지휘자의 특권을 남용하여 그와 동등한 영웅 아킬레우스를 모욕하자 험악한 사태가 벌어졌던 것이다.

아카이아의 지도자들은 토론을 시작할 때부터 다수의 결정을 따른다는 데 아무런 의구심도 갖지 않았다. 하지만 다수가 포위 공격을 계속하자고 결정해도, 그냥 돌아가고 싶어 하는 사람이 있다면 그를 막을 수 없다는 것 역시 자명한 일이었다.

그런데 수수께끼 같은 인물 오디세우스는 오직 아가멤논의 권위에 복종하는 편에 섰다. 이것은 단지 그런 상황에서는 그렇게 행동하는 편이 더 유리하다고 판단했기 때문이지, 오만한 아가멤논이 출신이나 신의 권위에 의해 인정받는 우두머리였기 때문이 아니었다. 항상 사려 깊은 오디세우스는 적의 코앞에서 분열과 원한을 드러내느니, 그들이 처한 위험한 상황에서 한 사람에게 복종하는 편이 더 낫다고 생각했던 것이다. 화가 난 아킬레우스가 전투에서 손을 뗐을 때도, 그에게 전쟁터로 다시 돌아가라고 명령할 만큼 충분한 권력을 지닌 사람은 아무도 없었다. (아킬레우스를 요즘 시대의 병역 거부자나 평화주의자라고 생각하지 않기를 바란다.)

요컨대 아카이아의 지도자들은 서로를 동등하다고 생각했고, 동등한 자격으로 서로 의논하고 결정을 내렸다. 물론 그들 중 몇몇은 다른 사람들보다 더 영향력이 있거나 더 존경을 받았다. 이들이 누군가를 최고 지휘자로 임명한다면 그것은 그가 그 자리에 적합하고, 그의 지휘가 수긍이 갈 때에 한했다.

그렇다면 일반 병사들은 어땠을까? 또 평민들은? 왕과 영웅들은 이들의 생각을 전혀 고려하지 않았다. 가엾은 테르시테스에게 어떤 일이 생겼는지 보았지! 그는 영웅이 되고 싶어 했으니까, 그를 표현의 자유를 위해 희생당한 최초의 순교자라고 해 주자.

너는 내게 이렇게 말할지도 모르겠다. "그것 참 멋지네요!" 그런 권력 남용이 자행되는 판에 그것이 무슨 민주주의냐고 내게 반기를 들고 싶을지도 모르겠다. 네 거룩한 분노는 (네 분노는 아테네인이 노예를 거느렸다는 이유로 그들을 민주주의자로 인정하지 않는 사람들의 분노처럼 거룩한 것이다. 하지만 이 문제에 대해서는 나중에 이야기하기로 하자) 정치 조직과 관련된 문제에서 사회 계급, 가문, 성姓 등에 상관없이 모든 개인이 동등한 투표권을 가져야 한다는 원칙이 우리에게 얼마나 깊게 뿌리박혀 있는지를 보여 준다. 하지만 네게 그토록 당연하게 보이는 것이 사실은 매우 새롭고 혁명적인 사상이란다.

이 사상은 어느 날 갑자기 찾아온 게 아니라 몇 세기에 걸친 역사적 단계를 밟아 이루어졌다. 아직도 우리는 이 사상이 근본적으로 실현되는 단계에는 이르지 못했다. 이 오랜 단계에서 가장 어렵고, 중요하고, 대담한 단계는 첫 번째 단계였다. 위험을 무릅쓰고 모험을 하는 사람들에게는 어떤 광기가 필요하다. 다행스럽게도 그리스인

은 약간 광적이었으며, 그들의 광기가 오늘날 우리에게까지 자양분
을 공급해 주고 있다. 다행스럽게도!

신의 의지가 아닌 인간의 능력으로!

인간이 평등하다는 생각은 현실성이 별로 없다. 오히려 그 반대
가 사실에 더 가깝다. 인간이 서로 완전히 다르다는 것은 분명한 사
실이다! 겁쟁이에다가 약한 사람, 강하고 용감한 사람, 힘은 세지만
겁쟁이인 사람, 힘은 약해도 용감한 사람, 아름다운 사람과 추한 사
람, 큰 사람과 작은 사람, 날쌘 사람과 느림보, 약삭빠른 사람과 어리
석은 사람 등등. 어린아이와 어른 사이의 나이 차이, 남자와 여자 사
이의 성의 차이는 일단 접어 두고라도 말이다. 인종, 언어, 문화의 차
이에 대해 이야기하자면 문제가 너무 복잡해지니까 아예 입을 다물
기로 하자.

여기서 네게 우선 지적해 두고 싶은 것은, 사람들 사이의 평등이
아니라 **불평등**이 더 눈에 띄는 명백한 사실이라는 점이다. 좀 더 정
확히 말하자면, 겉으로 보이는 사람들의 신체적 특징이나 행동 양식
이 지극히 다르다는 것이다.

최초의 사회 조직은 당연히 이런 명백한 차이에 근거하여 생겨
났다. 사람들은 이런 차이를 집단의 이익에 유용하게 사용했다. 가장
훌륭한 사냥꾼은 사냥을 지휘하고, 가장 힘세고 용감한 사람은 전투

를 이끌고, 가장 경험이 많은 사람은 이러저러한 상황에서 어떻게 행동하는 것이 옳은가를 가르치는 식으로 말이다. 중요한 건 이를 통해 집단이 가장 효율적으로 기능할 수 있었다는 사실이다.

나중에 집단이 더 커지고 사회 활동이 복잡해짐에 따라 사람들 간의 불평등이 더 이상 개인적인 능력뿐만 아니라 혈통이나 재산에 좌우되었다. 그가 어떤 사람인지에 의해서가 아니라 그가 무엇을 가졌느냐에 따라 결정되었던 것이다. 더 중요한 문제는 그런 불평등을 대대로 물려받게 되었다는 점이다.

왕의 아들은 왕으로 태어나고, 부자의 아들은 부자로 태어났다. 부모가 노예인 사람은 부모보다 나은 운명을 기대할 수 없게 되었다. 어떤 사람들은 명령하기 위해서 태어나고, 어떤 사람들은 복종하기 위해 태어났다. 명령하는 사람들이 법률을 만들었고, 복종해야 하는 사람들에게 부과했다. 따라서 이 법률은 명령하는 사람들이 아니라 복종해야 하는 사람들에게만 영향력을 미쳤다. 이런 사회적 서열은 신화나, 사제들이 담당하고 있는 종교적 신앙에 의해 정당화되었다. (약삭빠른 왕들이 문제들을 쉽게 처리하고 권력에 도전하지 못하도록 스스로 제사장직도 겸했다는 이야기는 이미 했지.)

소규모의 원시적인 사회집단에서는 (인간을 힘센 사람과 약한 사람, 느린 사람과 빠른 사람으로 만드는) **자연**에 의해 정치적 서열이 결정되었다. 하지만 좀 더 규모가 큰 사회에서는 **신학**이 공동체에서 혜택을 누리는 몇몇 집단의 존재를 정당화해 주었다. 자연이나 신은 반론을 제기하는 것이 불가능하기 때문에 토론하기가 그리 쉽지 않은 주제들이다.

그리스인도 물론 처음에는 이런 절대적 권위에 복종할 수밖에 없었다. 또 그들 역시 사람들 사이에 존재하는 자연적 혹은 유전적 차이를 뚜렷이 의식하고 있었다. 하지만 그들은 차츰 상당히 기이한 생각에 이르게 되었다. 개인에게는 차이점 말고도 공통점이 있다는 생각이었다.

모두가 말을 할 줄 알고, 자신들이 좋아하고 마음에 드는 일에 대해 곰곰이 생각할 줄 알고, 새로운 제안을 할 수 있고, 다른 사람의 제안을 거부할 수 있으며, 자신이 옳고 다른 사람이 그름을 설명할 줄도 알았다. 그리스인은 인간에 대해, 인간의 능력과 인간의 긍정적인 (또한 부정적인!) 힘, 인간의 꾀와 덕성, 심지어 인간의 악덕에 대해서까지도 열정을 느꼈다. 다른 민족들이 자연의 기적에 경탄하며 신의 신비스러운 영광을 노래하고 있을 때 말이다.

그리하여 그리스인은 시민들의 공동체인 폴리스를 만들어 냈다. 이 인위적이고 인간 중심적인 공간을 다스리는 것은 자연의 필연성이나 수수께끼 같은 신의 의지가 아니라 인간의 자유, 다시 말해 추론하고, 토론하고, 지도자를 선출하거나 해임하고, 스스로 문제를 제기하고 해결책을 찾는 그런 인간의 능력이었다. 정치적으로 볼 때 인류 역사상 가장 혁명적인 이러한 그리스인의 발명을 우리는 민주주의라고 부른다.

민주주의의 진지한 반대자들

그리스의 민주주의는 **법 앞에서의 평등**이라는 원칙을 따르고 있다. 즉 가난하거나 부유하거나, 높은 사람이거나 보통 사람이거나, 똑똑하거나 어리석거나 간에 모두 똑같은 법률의 적용을 받았다. 여기서 특이한 점은 법률을 만든 사람들 역시 법에 복종해야만 했다는 사실이다. 그러니까 악법을 승인하지 않도록 조심해야 했다. 이 악법의 첫 희생자가 바로 자신일 수도 있으니까 말이다. 도시 국가에서 법 위에 군림하는 사람은 아무도 없었으며, 모두가 법을 - 똑같은 법을 - 존중해야만 했다. 하지만 이 법은 위에서 내려온 것, 즉 신이나 조상들의 신화에서 유래한 철회할 수 없는 명령이 아니었다. 법의 근원은 시민 집회에 있었고, 모든 시민이 정치인, 즉 폴리스의 관리자였다. 따라서 다수의 뜻에 따라 집회에서 법을 고치거나 폐지할 수도 있었던 것이다.

고대 아테네인들은 시민의 정치적 평등을 이처럼 진지하게 여겼기 때문에 오로지 법에만 복종할 뿐, 아무리 '특별한' 사람이라 할지라도 개인에게 복종해서는 안 된다고 확신했다. (명령하는 특권을 가진 사람을 인정하지 않았다.) 그래서 그들은 사법관이나 대부분의 폴리스의 공직을 제비뽑기로 정했다. 모든 시민이 법 앞에서 평등하고, 누구도 공동체의 정치적 의무를 수행하는 일을 거부할 수 없었기 때문에 공직을 제비뽑기로 정하는 것이 가장 좋은 해결책으로 여겨졌다. 그리하여 그리스 시민은 누구나 결정에 참여하고 지도자의 위치에 오를 수

❖ — 아크로폴리스 전경

있었다.

　법 앞에서의 평등이라고요? 모두를 위한 평등한 법이라고요? 정치적 평등이라고요? 벌써 이렇게 항의하는 소리가 들리는구나. 노예가 있는데 어떻게 그것이 참된 평등일 수 있느냐는 말이지! 사실 노예들은 그리스의 정치 활동에 참여할 수 없었으며, 여자들도 마찬가지였다. (여자들은 이른바 그들의 정치적 권리라는 것을 인정받기 위해 바로 최근까지 26세기 이상을 기다려야만 했다. 그것도 여자들이 아직 더 기다려야만 하는 이슬람 국가들은 빼고 말이다.) 너의 항의가 옳긴 하지만, 고대 그리스로부터 수많은 세월이 흘렀고 많은 신념들이 변했다는 사실을 잊지 말거라.

아테네의 선구자들은 모든 인간이 동등한 정치적 권리를 가지고 있다고 주장하지는 않았다. 그들은 **모든 아테네 시민이 평등한 정치적 권리를 지닌다**는 사실을 생각해 내고 실행했다. 그리고 그들은 모두가 아테네 시민이 될 수 있는 것은 아님을 잘 알고 있었다. 아테네 시민이 되려면 남자여야 하고, 일정한 나이가 되어야 하고, 폴리스에서 태어나야 하고, 노예가 아니어야 했다. 이러한 조건을 갖춘 사람들은 모두 정치적으로 평등했다.

이러한 사고방식의 변화는 당시 페르시아, 이집트, 중국, 그리고 멕시코의 아스텍 사람들의 사고방식과 비교할 때 가히 혁명적이었다고 할 수 있다. 모든 인간이 (적어도 신 앞에서) 평등하다는 생각은 스토아학파, 에피쿠로스학파, 견유학파, 기독교, 그 밖에 다른 혁명적인 종파들의 영향 아래 좀 더 뒤에야 나오게 된다. 그럼에도 노예제도를 폐지하고, 여성이 참정권을 얻고, 국제회의에서 세계인권선언을 승인하기까지는 2,000년 이상을 더 기다려야 했다. 만약 고대 그리스인이 이 결정적인 첫걸음을 내딛지 않았더라면, 지금 너는 아마 그들이 폴리스에서 허용했던 불평등에 대해 화를 내지도 못했을 테지. 이후 그토록 오랜 세월이 흐른 지금까지도 우리에게 존재하는 불평등에 대해서는 말할 것도 없다.

아테네의 정치 조직을 미화하려는 뜻은 결코 아니다. 그때가 천국이었고 그 이후에는 계속 지옥이었다고 말하려는 것도 아니다. 오히려 그 반대다. 내가 말하고자 하는 바는 민주주의는 갈등으로부터 생겨났고, 그 갈등을 해결하기는커녕 오히려 증폭시킬 뿐이라는 점이다. 처음부터 사람들은 자유가 많아질수록 평온은 그만큼 줄어들고, 많은 사람이 결정을 내리는 일이 개인이 결정을 내리는 일보다 훨씬 복잡하며, 이것이 더 좋은 결과를 가져다준다는 보장도 전혀 없다는 사실을 잘 알고 있었다.

그리스의 초기 민주주의는 호메로스가 『일리아스』에서 묘사한 영웅들의 모임과 흡사했을 것이다. 용감한 사람들만이 가장 우수한 사람들의 모임에서 평등한 존재로 인정받았고, 권력은 하늘이나 혈통이나 재산에서 나오는 것이 아니라 이 명망 있는 사람들에 의해 공동으로 결정되었다.

반면에 이집트나 페르시아 같은 왕국의 정치 체제는 피라미드와 흡사했다. 파라오나 대왕이 맨 윗자리를 차지하고 그 밑으로 귀족과 사제, 그다음에는 전사, 그다음에는 대상인, 이런 식으로 이어져서 맨 밑바닥에는 평민이 자리 잡았다. 권력이 위에서 아래로 흘러내려가, 복종만 할 뿐 명령을 내릴 사람이 없는 최하층 사람들에게까지 이르게 된다. 이들이 국민의 다수를 이루고 있는데도 말이다.

이에 반해 그리스인의 정치권력은 둥근 원과 비슷하다고 할 수 있다. 집회를 할 때는 모두가 상징적인 결정권을 지니는 중앙에서 똑같은 거리에 자리 잡고 앉았다. 이 중앙을 그들은 '에이스 톤 메손eis tòn méson'이라고 불렀는데, 이는 '한가운데'를 뜻한다. 거기 모인 사람들은 일종의 주도권을 가지고 자신의 의견을 마음대로 펼칠 수 있었다. (방해받지 않고 말할 수 있는 권리를 상징하는) 왕홀처럼 생긴 지팡이를 손에 든 사람은 발언권을 가지고 자기 의견을 표명할 수 있었다.

피라미드식의 왕국에서는 오로지 왕만이 왕홀을 들고 결정권을 행사할 수 있었던 데 반해, 그리스인은 집회에서 서로 돌아가며 왕홀을 쥐고, 말하고 싶은 모든 사람의 의견을 듣고 나서 결정을 내렸다. 물론 이 민주적인 원형 모임이 매우 엘리트주의적이었고 귀족적이었던 것은 분명하다. 평민인 테르시테스에게 발언권을 주지 않고, 오디세우스가 그를 왕홀로 때렸던 이야기를 기억하고 있겠지?

하지만 이 집회는 계속 확대되어, 기원전 5세기 무렵에 이르러서는 시민 전체가 이 원 안에 들어오게 되었다. 그리하여 마침내 아테네의 수많은 테르시테스들, 즉 장인, 농부, 상인 등이 자기 생각을 말할 수 있게 되었고, 영리한 오디세우스나 거친 아가멤논과 마찬가지로 투표할 권리를 얻었다.

민주주의에는 처음부터 이론과 실천 양면에서 진지한 반대자들이 있어 왔다는 사실을 네게 숨기지는 않겠다. 곰곰이 생각해 보면 금방 드러나게 될 모순 위에 민주주의가 근거하고 있다는 데 그 이유가 있다. 세상에는 지혜로운 사람만큼 어리석은 사람도 많고, 선한 사람만큼 악한 사람도 많다. 따라서 다수의 결정이 그 반대의 경우보다 무지와 악의의 영향을 더 많이 받기 마련이라는 논리가 성립한다.

괴팍하지만 용기 있는 그리스인의 첫걸음

　처음부터 다수를 믿는 건 더 나쁜 것을 믿는 일이라고, 민주주의의 적들은 주장해 왔다. 소크라테스와 그의 제자 플라톤 같은 아테네의 위대한 철학자들도, 민중은 흔히 일상생활의 피상적인 시야와 소문에 근거한 제한된 지식만 가지고 있을 뿐이라고 날카롭게 지적한 바 있다.

　그들에게 아름다움이 무엇이냐고 물어보면, 미녀나 단련된 몸매의 청년을 가리킬 뿐, 아름다움의 개념이 무엇인지, 영혼의 아름다움이 육체의 아름다움보다 더 고귀한 이유가 무엇인지에 대해 알지 못한다. 용기나 정의 또는 즐거움이 무엇이냐고 물어도 마찬가지다. 이들은 무엇이 선인지 제대로 알지 못하고, 그저 자기 마음에 들거나 만족을 주는 것을 선과 혼동하고 있다. 그러니 그들의 도시를 위해 정말로 좋은 일이 무엇인지 그들이 어떻게 결정할 수 있겠니? 민중 집회는 누구나 다른 사람의 말에는 귀 기울이지 않고 자기주장만 떠들어 대는 북새통이 되어 버릴 게다. 경제나 군대 문제 같이 공동체에 중요한 대부분의 사안들은 비전문가들로서는 이해하기가 쉽지 않다. 방어 전략을 세우는 문제에서 장군의 의견과 목수의 의견이 어떻게 똑같은 가치를 지닐 수 있겠니? 게다가 민중은 매순간 자신들의 의견을 쉽게 바꾼다. 바로 어제는 열렬하게 옹호했다가 오늘은 싫어하고 화를 내는 식으로 말이다.

　대다수의 민중을 끌어들이는 일은 매우 쉽다. 잘못과 문제를 지적하는 생각이 깊은 사람보다, 말만 잘하는 궤변론자나 선동정치가들에게 사람들은 더 솔깃해지는 법이다. 그리고 속아 넘어가지 않는 사람은 매수하면 된다. 천박한 민중은 무엇보다도 돈과 쾌락밖에는 모르니까 말이다.

민주주의에 대한 이런 반론들은 대부분 네게 친숙한 내용이다. 네가 살고 있는 민주주의 체제에 대한 반론들을 날마다 여기저기서 듣고 있을 테니까. 하지만 이런 반론들을 제기하는 사람들이 마치 자신들이 위대한 발견이라도 한 양 주장한다고 해서, 이것을 새로운 것이라고 생각하면 잘못이다. 사실 이런 반론들은 민주주의만큼이나 오랜 역사를 가지고 있고 나름대로 정당한 근거도 있다. 민주주의라는 발명은 아무런 스캔들 없이 받아들여지기에는 너무나 혁명적이어서 기원전 5세기나 21세기나 논란이 그칠 수가 없으니까 말이다.

가장 힘센 사람, 가장 영리한 사람, 가장 부유한 사람, 가장 좋은 가문에서 태어난 사람, 가장 생각이 깊고 공부를 많이 한 사람, 가장 훌륭한 사람, 다른 사람들을 구원할 수 있는 천재적인 이념을 가진 사람, 가장 너그러운 사람, 가장 성스러운 사람, 정의로운 사람, 순수한 사람, 꾀가 많은 사람… 그밖에 네 머리에 떠오르는 그 어떤 사람이건 간에, 그런 사람이 명령을 내리는 편이 '자연스럽지' 않을까? 모든 사람이 명령하려고 해서는 안 되지 않을까? 권력이 모든 사람에게 속한다는 생각은 자연에 어긋나는 것이 아닐까?

모든 사람들이 참견할 수 있고, 자기 생각을 표현하고, 투표하고, 선출하고, 결정하고, 잘못을 범하고, 남이 잘못하도록 내버려 두고, 술수를 꾸미고, 속이고, 항의하고, 끼어들고… 이 모든 일은 정말이지 전혀 자연스럽지 못하며, 오히려 자연과 신에 도전하여 소요를 일으키는 인위적으로 꾸며낸 창작물, 인간이 만들어 낸 예술작품일 것이다.

그리스인은 위대한 예술가였으며, 민주주의야말로 그들이 만들어 낸 걸작이었다. 정말 대단하고 놀랍고 가장 많은 논란을 불러일으킨 희대의 걸작이었다. 공동체의 모든 개인이 자기 자신을 위해서 살 권리, 목표에 도달하거나 실패할 권리, 자신의 실패나 성공에 - 비록 부분적이라고 할지라도 - 책임을 질 권리를 가지고 있다는 생각은 그리스인이 만들어 낸 가장 위험하고, 놀랍고, 논란거리인 걸작이다.

이 체제는 결코 (한 사람이나 몇 사람이 명령하는) 다른 체제보다 더 큰 성공을 약속하지 못하고, 더 나은 법률이나 공공의 덕행, 더 큰 번영을 보장하지도 않는다. 이 체제가 보장해 주는 유일한 것은, 더 많은 갈등과 더 적은 평온뿐이다. 그럼에도 그리스인은 주인에게 복종하기보다는 동료들과 토론하기를 더 좋아했다. 다른 사람에 의해 강요된 확실한 성공에서 이득을 얻기보다 스스로 선택한 어리석은 일을 행하기를 원했다. 불가침의 자연적 질서나 신적 질서에 복종하는 대신, 제대로 기능을 하지 않을지라도 스스로 도시를 통치하는 법을 만들고 고치는 것을 더 좋아했다. 그리스인은 정말로 괴팍한 사람들이었다. 하지만 매우 용기 있는 사람들이었다.

민주적 성찰의 결과물, 스포츠와 연극

원의 한가운데에 권력이 있는 회의, 그곳에서 토론을 벌이는 민주주의를 만들어 냄으로써 평등한 법에 복종하는 평등한 시민들은 서로를 마주 보게 되었다. 민주주의 사회는 다른 사회보다 더 투명하다. 때로는 지나칠 정도로 투명하다. 민주주의 사회에서는 무대 위에서처럼 모두가 서로를 관찰할 수 있다. 절대 권력을 지닌 과거의 왕들은 아무나 가까이 접근할 수 없는 궁궐에 살았다. 왕의 허락 없이는 아무도 궁 안에 들어갈 수 없었다. 이들이 대중 앞에 나타날 때는 지배자로서의 위엄을 갖춘 엄숙하고 초인적인 모습이었으며, 일반 민중의 열정이나 생리적 욕구를 초월하는 존재인 듯한 인상을 불러일으켰다. 왕이 가까이 다가오면 백성들은 깊숙이 몸을 굽히고 감히 눈을 들어 쳐다보지도 못했다. 내가 이야기한 피라미드식 사회에서는 사회집단의 구성원들이 상류층의 생활양식을 알 수 없었고, 감히 자기 계급의 기준으로 상류 계급의 미덕과 악덕을 판단하지 못했다.

반면에 그리스인은 호기심을 가지고 서로를 바라보았다. 능력이나 업적은 당연한 것이 아니었고 드러내 보여야 했다. '데모'라는 말은 원래 '데모스', 즉 동등한 민중들에게 보여 주어 증명함을 뜻하는 'demontrer'라는 말에서 나온 것이다. 마찬가지로 약점이나 악덕도 사회 전체와 관련된 일이었다. 민주 사회의 가장 중요한 두 가지 구경거리인 스포츠와 연극이 그리스에서 태어난 것은 이 때문이다.

이집트인이나 페르시아인으로서는 상상할 수도 없는 일이었다.

스포츠는 정치적 평등이 낳은 직접적인 결과 중 하나다. 귀족적 혈통, 신의 선택, 부귀 등 위계질서를 정당화하던 낡은 방식이 그 효용성을 잃게 되자, 사회적 구별을 위한 다른 원천을 만들어 내야 했다는 것이다. 이 문제에 대해서는 오늘날의 몇 가지 독재 체제에 대해 이야기기할 때 다시 거론하자꾸나. 여기서는 우선 중요한 사실 몇 가지만 이야기하겠다.

사회 속에서 개인들은 (정치적으로나 법적으로) 평등하지만 결코 똑같은 가치를 지닌 물건처럼 상호 교환될 수는 없다. 개인들이 평등하다고 해서 서로 똑같은 것은 아니기 때문이다. 모든 집단에는 찬양의 대상이 되고 이상적인 생명력을 구현하는 모범적이며 뛰어난 사람들이 필요한 법이다. (앞에서 사회란 불멸성을 만들어 내는 기계와 같다고 이야기했던 것을 기억하고 있겠지?) 그리스인은 인간 신체의 아름다움과 힘을 찬양했다. 그들은 스포츠를 통해서 가려낸 가장 훌륭한 신체에 우선권을 주려 했다. 인간의 신체는 평등하지만, 그렇다고 구별할 수 없는 것은 아니니까 말이다.

스포츠를 정치적 평등이 낳은 직접적인 결과물이라고 하는 데에는 또 다른 이유가 있다. 바로 평등한 사람들만이 서로 경쟁할 수 있다는 것이다. 파라오를 정면에서 바라보는 일조차 금지되어 있는데, 어떻게 파라오에게 도전하는 달리기 경주나 팔씨름 대회를 열 수 있었겠니? 로마 황제 네로는 리라 반주에 맞춰 노래 경연대회를 열었는데, 단지 모든 상을 독차지하는 천박한 기쁨을 맛보기 위해서였다고 하는구나. 심사위원들이 어찌 네로에게 상을 주지 않을 수 있었 겠니? 하물며 신과는 더더욱 경쟁할 수가 없는 법이다. 당연히 신이 승리할 수밖에 없는데다가, 감히 신에게 도전한 허영심으로 인해 벌 을 받게 될 테니까 말이다. (아폴론은 피리 솜씨를 겨루는 경기에서 감히 자기를 이겨 보려 했던 불쌍한 사티로스 마르시아스를 말 그대로 산 채로 껍질을 벗겼다.) 경기에는 사 람들 간의 평등과 상호 존중, 그리고 경쟁 속에서 꽃피는 우정이 반 드시 필요하다. 오늘날 많은 사람들이, 경쟁적 사고가 우리 사회의 특징이 되고 있다며 안타까워하지만, 경쟁이 민주 사회의 명백한 징 표이며, 경쟁이 없는 사회는 출신이나 신학에 기초한 카스트제도로 이루어진다는 사실을 잊어서는 안 된다. 누군가와 경쟁을 할 수 있 으려면, 우선 그 사람과 평등해져야 한다. 그리고 다른 사람이 필요 하다. 혼자서는 경쟁할 수 없으니까 말이다. 어떻게 해서든 다른 사 람들을 폭력으로 억누르거나 몰살하려는 이들은 다른 사람들보다 경쟁을 못하는 것이 아니라, 오히려 그 반대란다. 그들은 가능한 한 빨리 경쟁을 끝내고 싶어 할 뿐이다.

연극은 그리스 민주주의가 만들어 낸 또 다른 중요한 결과물이 다. 다른 문화에도 일정한 상징적 형태의 공연이 포함된 종교적 의 식과 의례는 있었다. 하지만 순수한 인간적 열정과 감정을 연극으로 만든 최초의 사람들은 그리스인이었다. (때로 신들이 갈등에 끼어들기도 하지만 말이다.) 그리스인은 연극 공연 때마다 희극과 비극, 즉 인간의 노력이 지닌 우스꽝스러운 측면과 인간의 갈등이 빚어내는 참혹한 드라마 를 공연했다.

앞에서 말했듯이 그들은 정치적인 평등 속에서 서로를 바라보며 서로의 차이점을 확인했다. 개개인이 얼마나 서로 다른지를 의식하게 된 것은 바로 그들이 서로를 평등한 존재로 여겼기 때문이다! 어떤 사람은 허세나 탐욕이나 허영심 때문에 우스꽝스럽고, 또 어떤 사람은 음험하고 거짓말쟁이이고, 또 어떤 사람은 이웃집 남자(또는 이웃집 여자)와 정을 통하려고 온갖 술책을 다 동원한다. 사기꾼 상인이 있는가 하면, 반항적인 아이도 있고, 또 권위적인 아버지도 있다. 아테네인이 당시에 서로를 고상하게 여겼다고는 생각도 하지 마라. 그들은 서로를 있는 그대로 정확하게 바라보았다. 그들은 서로의 결점을 들추어내고 과장하고 조롱했다. 동료들 사이에 서로 그러는 것처럼 말이다.

비극에서 그들은 절대적인 정열에 사로잡혀 다른 모든 세상사와 다른 모든 사람을 잊어버리는 인물들을 묘사했다. 이 인물들은 어느 정도 그럴 권리를 지니고 있고, 또 스스로도 그럴 수 있는 전적인 권리가 있다고 믿지만, 그것은 부분적인 권리일 뿐이다. (민주주의에서는 항상 다른 권리, 즉 다른 사람의 권리라는 것이 존재하니까 말이다.)

비극에서는 (다른 사람들의 목소리를 대변하는 민중들이 공연하는) 합창단이 비극의 주인공에게 스스로를 자제하고, 다른 사람들의 권고에 귀를 기울이고, 다른 사람들과 협력하고, 양보하고, 무모한 열정에 휩쓸리지 말라고 안타깝게 외쳐 댄다. 이런 염원이 허사가 되면, 비극은 참담한 결과로 끝을 맺는다. (하지만 모든 비극이 다 불행하게 끝나는 것은 아니다. 아이스킬로스의 『오레스테이아』를 생각해 보렴.) 비극의 주인공은 자신의 열정을 인간의 한계를 넘어서는 극한까지 끌고 간다. 그는 자신이 다른 사람들과 평등하지 않다고 생각하여, 다른 사람들의 소망과 의견을 고려하지 않고, 오로지 자신의 소망과 의견에만 집착한다. 비극의 주인공이 보여 주는 무절제 앞에서 비웃거나 몸서리치는 것은 바로 자기 자신을 비웃고 자기 자신에게 몸서리치는 일이다.

연극은 신과 자연을 넘어서서 **자기 자신을 다스릴 수 있는 힘을** 가져야 하는 개인에 대해 민주적으로 성찰하게 만드는 기구와 같았다. 연극은 우리에게 공기를 호흡하는 시간을 허락한다. 내가 보기에 이제 너도 그것을 원하는 것 같구나. 잠시 공기를 호흡하고 다음 장으로 넘어가기로 하자.

「안티고네」, 프레데릭 레이튼 그림.

수많은 기적 중에서도
인간만 한 기적은 없다.
(…)
언어를
바람을 일으키는 사상을
국가를 만들어 내는 힘을
인간은 스스로 배웠다.
(…)
예술을 발명하고

풍부한 희망을 지니고
악의 유혹에 이끌리다가
또 선을 향해 달려간다.
국법과 신들이 부여한 권리에 따라
백성의 지배자가 된 자가
백성 속에 머물지 않고
불의에 몸을 맡겨
이성을 잃었도다.

_소포클레스, 「안티고네」

오디세우스는 평민을 볼 때마다 소리를 지르면서
몽둥이를 휘둘러 쫓아 버리고 이렇게 꾸짖었다.
"미친놈! 조용히 앉아 다른 사람들 말이나 듣고 있어.
너보다 고귀한 사람들의 말을 경청하란 말이다! 너는 전사도 못되
고 힘도 없는 놈이다.
너는 전쟁이나 회의에 낄 자격이 없다. 우리 아카이아인 모두가 이
곳의 왕이 될 수는 없잖아!
많은 사람들이 다스리는 것이 더 좋은 건 아니야. 한 사람의 지배자
만 있으면 된다.
한 사람의 왕, 크로노스의 아들이
왕홀과 자리를 허용한 한 사람의 왕만 너희 중에 있으면 충분하다.

_호메로스, 「일리아스」

가정의 질서가 불평등에 기초하고 있는 데 반해, 폴리스는 평등한 사람들로만 구성되어 있다는 점에서 가정과 구별되었다. (…) 폴리스의 이러한 평등은 평등에 대한 우리의 생각과는 별로 공통점이 없다. 폴리스에서의 평등은 자신과 동등한 사람들에게만 유효한 것이었으며, 따라서 자신과 '동등하지 않은 사람들'이 존재한다는 사실을 자명하게 전제하고 있었다. 이 '동등하지 않은 사람들'이 항상 도시 국가 주민의 다수를 이루고 있었다.

평등은 근대에는 항상 정의에 대한 요구였다. 하지만 고대의 평등은 이와 반대로 정의와 무관했고 자유의 본질 그 자체였다. 자유롭다는 것은 모든 지배 관계에 내재된 불평등에서 벗어나 지배자도 피지배자도 없는 공간에서 활동함을 의미했다.

_한나 아렌트, 『인간의 조건』

'자유'에 대한 그리스의 사상은 공동체 안에서만 유효했다. 폴리스의 구성원들에게 부여된 자유는 폴리스 안에 거주하는 이방인들의 법적인 (시민적인) 자유를 의미하지 않았고, 자신들이 지배하는 다른 공동체 일원들의 정치적 자유도 포함하지 않았다.

_모세스 이마누엘 핀레이, 『고대 민주주의와 현대 민주주의』

5

"모두를 위한 하나,
하나를 위한 모두!"

'인간들'과 '국가들', 끊임없는 대립이 시작되다!

아득한 옛날, 그리스인에 의해 위대한 발명이 이루어진 이후 유럽에서는 정치 형태가 계속 발달하고 변모해 왔다. 로마인은 **법제**를 만들어 냈는데, 이는 그리스에서 민주적 평등이라는 불꽃이 피어난 이래로 가장 중요한 변화였다.

법제란 개인의 이해관계와 갈등, 개인이 공동체로부터 바라는 것과 공동체가 개인에게 요구하는 바를 세세하게 (때로는 지나칠 정도로 세세하게) 규정하는 제도로서, 모든 사람에게 유효하고, 정확하고, 사회에 널리 확산된 경기 규칙 같은 것이라고 할 수 있다. 이는 로마인의 제국주의적 성향이 낳은 중요한 결실이었다. 수많은 민족들을 정복하여 이들을 똑같은 법률로 다스리다 보니, 비록 서로 다른 민족에 속해 있다 하더라도 그들을 갈라놓는 국경을 넘어서서 개인이 정치적으로 평등할 수 있음이 (따라서 인간으로서도 평등할 수 있음이) 분명해졌다.

역사의 흐름 속에서 우리의 역설적인 공동생활을 빚어 낸 또 하나의 역설은 다음과 같다. 그리스인은 직접적인 방식으로 민주주의와 평등을 이루어 냈지만, 그것은 자기들 사이에서만, 즉 폴리스 안에서만 유효했다. 다시 말해 그들은 아테네 시민이나 스파르타 시민으로서만 자유롭고 평등했다. 반면에 로마인은 제국주의자이고 약탈자였지만, 정복을 확장해 나감으로써 정치적 권리를 보편적인 것으로 만들어 제국 안의 (당시에 알려진 세계 전체의) 모든 개인이 그 혜택을 누릴 수 있도록 해 주었다. 누구든지 로마 시민이 될 수 있었기 때문에 어디에서 태어났든지 간에 상관없이 모든 사람에게 공통된 것을 인식해야만 했다. 스토아학파의 철학과 훗날의 기독교가 이러한 로마의 정책에서 생겨난 인도주의적 결과를 정신적으로 표현하게 되었다.

여기서 봉건제도니 절대왕정이니 의회의 기원이니 혁명이니 하는 정치 형태의 역사적 발전 과정을 이야기하려는 것은 아니다. (더구나 내겐 그럴 만한 능력도 없다.) 지혜롭고 명예로운 사건들과 잔혹한 사건들로 엮어진 이 장구한 역사적 과정을 거쳐 현대 정치판에서 승부를 겨루고 있는 두 주인공은 내가 보기에 개인과 국가이다. 여기서 나는 단수로 표현했지만, 개인은 물론 개인들을 뜻하고 국가도 하나의 국가가 아니라 국가들을 뜻한다.

그런데 이 두 주인공이 서로 정면으로 대립하고 있다고 생각하면 안 된다. 오히려 그들은 서로를 껴안고 있는 (이 다리가 누구 것인지, 저 팔이 누구 것인지 분간할 수 없을 정도로 서로 얽혀 있는) 한 쌍의 연인과도 같으며,

때로는 상호 일치의 기쁨을 맛보고, 때로는 폭력의 고통을 경험하면서 서로를 사랑하는 사이란다. 다시 말해 개인은 국가의 많은 부분을 자신 안에 품고 있다. (국가가 존재하지 않는다면, 개인의 정치적 인격은 생각할 수도 없다. 국가가 존재함으로써만 정치적 인격도 존재한다.) 그리고 국가 역시 하늘에서 떨어진 (또는 지옥에서 솟아난) 초인간적인 실체가 아니라 개인들로 구성되어 있으며, 수많은 개인들의 결정을 통해 부여받은 권력 외에는 아무 권력도 가지고 있지 않다.

그럼에도 양쪽에서 서로를 가장 나쁜 적으로 몰고, 사회의 모든 악을 상대방 탓으로 돌리는 일이 흔히 일어난다. 개인은 국가의 억압과 독재를 불평하고, 반면에 국가는 모든 정치적인 실패를 개인의 불복종과 이기주의 탓으로 돌리는 식으로 말이다

그러면 과연 겉보기에는 양보할 줄 모르는 적이면서도 실제로는 은밀한 공모자인 이 두 대립적인 인격의 의미는 무엇일까? 첫째로 이 두 인격은 인간 공동체가 발전하는 과정에서 생겨난 결과라고 할 수 있다. 이미 네게 이야기했듯이 인류 최초의 사회 조직은 자연적 생활 토대에 근거하고 있었다. 부모와 자식 간의 가족 관계가 그 모델이었다. 힘이 가장 강한 자가 지도자의 위치를 차지하고, 이 위치를 세대에서 세대로 물려주었다. 게다가 이 집단만이—씨족이든 부족이든 민족이든 부르고 싶은 대로 불러도 좋다—큰 의미를 가진 유일한 존재였다. 집단의 개별적 구성원은 아무런 고유한 비중을 가지지 못하고 전체에 통합되어 있었다. 집단과의 연결이 끊어져 버리면, 이들은 아무것도 아니었다.

그다음에는 한 개인이나 몇몇 사람이 큰 의미를 가지는 사회가 나타났다. 거의 신이나 다름없는 왕이라든가, 논박의 여지가 없는 신의 말씀을 해석하는 제사장 같은 사람들 말이다. 이들은 자기가 속한 집단을 통해 자신의 정체성을 획득하는 것이 아니라, 오히려 집단이 이들에게 복종함으로써 집단의 정체성을 얻게 되었다. 그 후 우리가 앞 장에서 살펴보았던 것처럼 그리스인의 위대한 발명이 생겨났다.

여기서 나는 이 모든 과정을 만화처럼 단순화하여 그려내고 있지만, 이 모든 단계는 하나의 방향을 향하고 있다. 즉 자연적인 것이 점점 줄어들고 인위적인 것이 점점 증가하는 방향으로 나아가고 있다. 이 말은 사회의 기초가 운명이나 육체적 필요, 혈연관계나 알 수 없는 신의 뜻 같은 것들에서 점점 더 멀어지고 있음을 의미한다. (신의 뜻이라는 말은 인간의 토론이나 통제의 범위를 벗어나 있다는 뜻이다. 자연법칙도 마찬가지다.) 그 대신에 사회가 점점 더 의식적으로 되고, 인간이 원하고 인간들 사이에 협의된 것들이 더 많은 일을 좌우하게 되고, 자연과의 관계보다 사람들 사이의 상징적 활동(상업, 위신, 독창성 등)이 더욱 중요해지면서, 사회의 기초를 (모두가 이해하고 토론할 수 있는) 이성에 의해 정당화하려는 경향이 두드러지게 되었다. 이렇게 해서 반쯤 자연적이었던 인간 공동체는 ─ 인간 사회가 벌이나 개미의 사회처럼 완전히 자연적이었던 적은 한 번도 없다! ─ 인위적인 예술작품, 즉 인간의 의지와 이성의 대담한 산물이라고 할 수 있는 사회로 나아가게 되었다.

고대 사회의 구조는 개인의 자발성을 극도로 제한하긴 했지만,

그 대신에 그 안에서 '우리 모두는 하나'였다. 반면에 근대화가 이루어지면서 각 개인의 생각과 주장과 요구에 점점 더 큰 중요성이 부여되었다. 하지만 이로 인해 공동체의 일치감은 약화될 수밖에 없었다. 각자가 전체 속에서도 하나의 개인으로 남아 있게 되었기 때문이다.

사회적 위계질서가 자연이나 신에 의해서 결정된다고 여겼던 과거에는 근본적인 변화를 시도하는 일이 항상 커다란 저항에 부딪혔다. (이것도 비록 자연적인 일로 여겨지기는 했지만 말이다.) 그런데 오늘날에는 사람들이 제도를 인간의 발명이라고 여기고 있다. 인간이 만든 것이라면 당연히 고칠 수도 있기 때문에 변화가 끊임없이 시도되기에 이르렀다. 어제의 문제가 "왜 바꾸지?"였다면, 오늘의 문제는 "왜 바꾸지 않지?"가 되었다. 그리하여 개인과 국가 간의 대립은 더 심해졌다. 개인의 (이웃과 구별되는 구체적이고 유일무이한 존재의) 의지와 협조와 결정이 국가의 합법성을 이루는 궁극적인 토대가 된 것이다. 이제 국가는 개인들 간의 협의에 의존하게 되고, 이를 통해 스스로를 정당화하게 되었다.

하지만 이와 동시에 국가는 이 개인들의 수많은 변덕에 맞서 스스로를 지키고, 기존의 것을 끊임없이 철폐하려는 개인들의 움직임에 맞서 자신의 형태를 존속시키려 한다. 복종하는 이유와 저항하는 이유 사이의 대립, 존속시키려는 이유와 혁명적으로 변화시키려는 이유 사이의 대립이 항구적이 되었다. 우리가 바로 이 문제에서 이야기를 시작했던 것을 기억하고 있겠지?

네게 한 가지 사실을 고백해야겠다. 나는 지금 문제를 엄청나게 단순화하고 과장하고 있다. 하지만 내가 무엇을 말하려는지 알 수 있는 통찰력과 내가 말하는 바를 문자 그대로 받아들이지 않는 비판적 능력이 너에게 충분히 있으리라고 믿는다. 나는 지금 '과거'와 '현재'라고 이야기하고 있지만, 모든 인간 사회가 동시에 똑같은 길로, 똑같은 속도로 발전하지 않음은 분명한 사실이다. 그리고 이 길도 결코 직선이 아니라 때로는 뒤로 후퇴하기도 하고 옆으로 돌아가기도 한다. 또 개인과 국가 사이의 게임은 항상 어느 한쪽 극단으로 치우쳐서 균형을 잃어버리기 쉽다. 하지만 어느 쪽으로 치우치든 둘 다 위험하다.

개인이 지나치게 우세하면 공동체 사회의 조화가 파괴될 수 있다. 아무도 공공복리를 지키려 하지 않고, 강자가 약자에 대해 연대 책임을 느끼기는커녕 착취만 하게 된다. 모두가 혼자라고 느끼고, 다른 사람의 잔인성과 탐욕에 내몰리면서도 불평을 토로하거나 보호를 요청할 공동의 장소를 갖지 못하게 된다.

하지만 국가 권력이 지나치게 팽창하면, 개인은 스스로의 삶에 책임을 느끼는 자발성과 능력을 잃어버린다. 개인 간의 생각과 행동의 차이가 용납되지 않게 되어, 개인은 거대한 전체 안에서만 의미를 지니는 단순한 하나의 분자처럼 되어 버린다. 노동, 상업, 보건, 예술, 이성 관계, 신념, 여가 활동 등 아주 세세한 부분까지도 정부의 관료 제도가 좌지우지하게 되어, 개인에게 무엇이 좋은 일인가를 본인보다 국가가 더 잘 아는 사태가 벌어지게 된다. 이 두 가지 중에서 어느 한쪽으로 치우치건 불행이 초래될 수밖에 없다. 어느 한 가지를 피하려고 서두르다 보면 반대쪽의 불행에 빠져들게 될 것이다.

자, 이제 내가 네게 해 줄 수 있는 가장 적절한 말은 다음과 같다고 생각하겠지. 결국 최선은 각자에게 그가 바라는 것을 주면서도 개인의 권리를 남용하지 못하게 함으로써 국가와 개인 간의 완전한 균형을 이루어 내는 일이라고 말이다. 그렇게 되면 모든 사람이 만족하겠지. 아멘. 하지만 나는 이미 처음부터 중간적인 관점에 머무를 생각은 없다고 말했다. 그러니 어느 한쪽 편을 들어야겠다. 내가 편드는 쪽은… 당연히 나는 개인 편이다. 의외라고?!

개인주의, 정치에 개입하는 건강한 방식

내 견해는 다음과 같은 생각을 출발점으로 삼고 있다. 국가가 개인을 위해서 만들어졌지, 개인이 국가를 위해 만들어지지 않았다. 모든 개인은 특별한 가치를 지니며, 국가는 이 가치를 지킬 수 있도록 도울 의무를 가진다. 국가는 명령을 통해 이 가치를 다른 것으로 바꿔 놓을 수 없다. 내가 주장하고자 하는 핵심은 (도덕적이고 정치적인 인물, 창조적 인간, 선남선녀, 가장 보잘것없는 사람으로부터 가장 중요한 인물에 이르기까지 모두를 포함하는) 개인이야말로 인간의 진정한 현실이고, 국가나 다른 기관은 여기서 유래했다. 결코 그 반대가 아니다.

이런 견해를 (이것을 내가 혼자 생각해 내지 않았다는 것 정도는 너도 잘 알겠지만, 나는 마치 그렇기라도 한 양 이 태도를 옹호할 작정이다) **개인주의**라고 부른다. 많은 사람들에게 이 단어는 욕으로 받아들여지고 있다. 아! 내가 정말 타락했구나!『윤리, 최대한 쉽게 설명해 드립니다』에서는 이런저런 논거를 내세워 이기주의를 찬양하더니, 이제 정치와 관련해서는 개인주의를 적극 권하다니!

오해를 막기 위해 내가 말하는 '개인주의'란 '반사회적'인 태도, '반정치적'인 태도도 아니라는 점을 분명히 말해 둔다. 개인주의란 자신이 사회 외부에 있다고 믿는 것이 아니라 사회에 참여하고 사회와 협력하는 방식 중의 하나다. 개인주의는 정치에 개입하는 하나의 방식이지, 정치에 전혀 무관심한 자폐증이 아니다.

더 나아가 개인주의라는 태도가 가능해지고 강화된 것도 사회가 발전한 덕분이다. 물론 개인주의라는 이름 아래 많은 잘못이 저질러졌고 지금도 저질러지고 있지만, 개인주의가 최후의 결정적인 발언권을 얻게 된 곳은 노예제도나 고문, 사형제도 (개인보다 집단이 중요하다고 주장하는 사람들이 이 사형제도를 여전히 옹호하고 있다) 등 가장 비인간적인 사회 관습이 문제시되고 폐지된 바로 그 자리였다.

개인이 집단의 구성원이 되는 방식에는 두 가지가 있다. 우리는 사회집단에 **소속**될 수도 있고, 또 **참여**할 수도 있다. 이 두 가지 방식은 대체로 별개지만, 때로는 서로 연결되기도 한다.

집단에 소속된다는 것은 (거의) 무조건적으로 공동체에 헌신한다는 뜻이다. 집단의 가치를 문제 삼지 않고 집단에 자신을 동화함으로써 이 밀접한 결합에 의거하여 집단이 내리는 결정을 받아들인다는 말이다. 한마디로 말해 좋을 때나 나쁠 때나 전체의 확고한 일부분이 되는 것이다. 우리들 대부분은 비판적인 사고 과정 없이 가족에 '소속되어' 있으며, 자신을 가족의 일원이라고 느낀다. 바로 가족의 규범이나 소속감이 그렇게 만든다. 그런데 이와 똑같은 방식으로 우리는 축구 클럽에 '소속'되기도 한다. 여기서 가장 중요한 건 팀의 순위가 아니라 그것이 '우리 팀'이라는 사실이다. 심지어 우리 팀에 유리하기만 하면 부당한 페널티 킥까지도 정당화할 용의가 있다.

반면에 참여는 의식적인 자유의지에 더 많이 좌우된다. 이 경우 개인이 한 집단에 참여하는 일은 단지 그가 그것을 원하기 때문이고, 또 그것을 원하는 동안에 한하기 때문에, 그는 그 집단에 무조건적인 충성을 느낄 필요가 없으며 충분한 비판적 거리를 두고 이 집단에 계속 머물 것인지 아닌지를 결정한다. 그래서 우리는 우표 수집에 흥미를 느끼는 한에서만 동호인 모임에 '참여'한다. 또 우리가 어떤 영어학원을 다닌다면, 이 학원이 영어를 잘 가르쳐서 이보다 더 나은 학원이 없다고 생각하는 동안에 한한다.

집단에 소속된다는 건 집단의 일부가 되어 집단의 보호를 받으며 집단에 동화됨을 의미한다. 반면에 집단에 참여하는 경우 가장 중요한 것은 우리가 그 집단에 소속됨으로써 도달하고자 하는 목표다. 그 목표에 도달하지 못하면, 그 집단을 떠나면 된다.

우리 모두에게는 소속감을 느끼고 그 어떤 것의 무조건적인 추종자가 되고 싶은 욕구가 있다. 그 집단이 매우 특별하든 아니면 평범하든 간에 말이다. 그것이 우리에게 편안함과 안정감을 주고, 우리 삶에 일정한 틀을 마련해 주며, 신뢰할 수 있는 확고한 관계를 제공해 주기 때문이다. 그런 소속 관계가 때로 우리에게 고통과 희생을 안겨 준다는 사실을 알면서도 우리는 그렇게 한다.

이따금 자기 집처럼 편안함을 느끼고, 우리의 감정과 경험을 온전히 서로 나눌 수 있는 사람들에 둘러싸여 있음을 인식하는 일은 우리에게 매우 중요하다. 그래서 우리가 소속되어 있는 집단이나 관계가 파괴되면 우리는 회복하기 힘든 커다란 고통을 느끼게 된다. 가족 간의 분쟁이나 실연이 특히 참혹하게 느껴지는 이유는 바로 그 때문이다.

자발적이고 비판적인 시각을 가지고 여러 다양한 공동체에 참여하는 일은 개인에게 있어서 매우 중요하다. 그래야만 자기 개성을 보존하고 집단이 개인에게 무언가를 강요하지 못하게 할 수 있기 때문이다. 자신의 목표를 스스로 선택하고, 스스로를 변화시켜 주어진 운명에 거역할 수 있다고 느끼는 것, 맹목적으로 남을 추종하기보다 때로 남을 '배반하고' 자신마저 '배반하는' 것이 더 나음을 깨닫는 일은 매우 중요하다. 어릴 때나 청소년기에는 (늙어서 힘이 쇠약해지고 체념하게 되는 경우에도 마찬가지지만 말이다) 비판적으로 참여하기보다는 그저 한 집단에 소속되는 자체를 더 좋아하기도 한다. 하지만 성숙이란 수많은 무조건적 소속 관계를 비판적인 참여나 심지어 회의주의로 바꿔 나가는 과정을 의미한다.

살면서 어떤 집단에 소속되고, 또 참여하는 일을 피할 수는 없지만, 집단에 통합되는 이 두 가지 방식 모두에 각각의 문제점이 있다는 사실을 깨달아야 한다. 소속감이 지나치면 광신적이거나 배타적이 될 수 있고, 참여를 잘못 이해하면 무관심에 빠지거나 인간 사이의 상호 연대를 거부하게 된다. 이런 위험에 대해서 내 방식으로 네게 주의를 주고 이 장을 마치려고 한다.

인권, 공동체 안에서 인간이 더욱 인간다워지는 방법

공동체에 대한 무조건적인 소속감이 해악을 가져오는 경우는, 다른 사람과 일체감을 느끼려는 욕구 때문에 우리를 다른 사람들과 묶어 주는 – 원래 협약에 의한 관계이기 때문에 철회할 수 있는 – 정치적 관계를 '자연적인' 것으로 보게 되는 데에서 생겨난다. 다시 말해 인간이 사회를 이루고 사는 것은 (언어와 사고를 지니고 있는 인간의 본성에서 유래한) 자연스러운 현상이지만, 법률이나 제약 같은 그 사회의 구체적 형태는 결코 자연적인 현상이 아니다. 그것은 인위적인 예술작품이며 사람들 사이의 협약이다.

가장 원시적인 인간 집단일수록 흔히 자신들을 '진정한 인간'이라고 부른다. 그렇게 함으로써 자기 종족의 구성원들만이 진정한 인간이고, 자신들의 공동체가 우연이나 상황의 강요에 의한 협약의 산물이 아니라 우주의 불변적 질서에서 직접적으로 생겨났다고 내세울 수 있다. '진정한' 인간들 사이에서는 개선하거나 폐지할 수 있는 우연적인 형태나 양식이란 있을 수 없으며, 모든 것이 영원히, 지금

❖ ― 어떤 종류의 인간이 다른 종류의 인간보다 열등하다는 것이 사실일까? 윤리나 정치의 측면에서 본다면 열등한 인종이 존재한다고 믿는 바로 그 사람이야말로 열등한 사람이다.

존재하는 그대로 존재해야 하는 법이니까 말이다.

　이러한 사고방식은 고도로 발달된 집단에도 여전히 남아 있다. 진보, 혁명, 과학적 발견을 자랑하는 현대 국가 역시 자기네 울타리, 생활양식, 편견, 제도에 '신성한' 그 무엇이 있으며, 또 자기네 국가가 인간의 본질이 (혹은 적어도 그 집단의 일부를 이루는 '자기네 편들', 인간들 중에서도 가장 인간적인 사람들의 본질이) 최고로 구현된 형태라고 주장하는 경우가 있다.

　인간이 존재하는 방식이 다양함을 인식하면서도, 그 모든 방식이 동일하게 '인간적'임을 인정하기란 결코 쉬운 일이 아니다. 그렇다고 해서 우리가 어떤 형태의 공동체 생활을 다른 것보다 더 선호할 이유가 전혀 없다는 뜻은 아니다. 예를 들어 나는 사람 고기를 먹기보

118

다 햄을 먹는 편이 결단코 더 낫다고 생각한다. 하지만 나의 이러한 선택은 현재 사회의 모습에 근거를 두고 있는 것도 아니고, 과거 사회의 모습에 근거를 둔 것도 아니다. (옛날에는 식인종이 압도적 다수였으니까!) 어떤 사회가 가능한 최선의 사회일까에 대해 이성적 분별을 가지고 생각한 후에, 그에 근거를 두고 내린 판단일 뿐이다.

단지 '우리 편'이라는 이유로, 혹은 '우리가 여기 이렇게 존재한다'는 이유만으로 어떤 공동체에 광신적인 소속감을 가지게 되는 데서 생기는 해악은, 이 집단의 사람들이 어떻게 해서 지금 형태의 공동체 생활을 이루게 되었는가를 잊게 만든다는 데 있다. 분명한 건 그들이 원래 지향했던 바는 어떤 구체적인 문제들의 해결이었지, 어떤 대가를 치르더라도 자신을 이웃과 구별하여 고유한 '정체성'을 표현하고자 했던 것은 결코 아니라는 점이다. 때로는 어떤 해결책이 다른 해결책보다 더 나쁘다는 사실이 드러날 수도 있고, 그런 경우 더 좋은 해결책이 있으면 바꾸는 편이 현명하다. 인간 집단은 끊임없이 서로에게 영향을 미쳐 왔다. 주변 집단과 서로 영향을 주고받지 않고, 자신의 '순수한' 본질을 지켜 온 집단은 없다.

예를 들어 로마 숫자는 라틴 문화를 나타내는 가장 독특한 특징 중의 하나지만, 아라비아 숫자만큼 효율적이고 실용적이지 못하다. 만일 단순히 그것이 '우리 것'이라는 이유로 아라비아 숫자를 택하지 않고 로마 숫자를 고집한다면, 그건 그야말로 멍청한 짓이다. 오늘날 아라비아 숫자는 로마 숫자만큼이나 '우리 것'이 되었고, 우리에게 훨씬 더 유익한 결과를 가져다주고 있다! 과학적 발견과 기술적 업적 외에도 그리스인이 고안한 민주주의, 식인 풍습의 거부, 노예제도의 폐지, 고문과 사형제도의 폐지, 여성의 투표권과 직장 내 여성 평등 등 윤리나 정치제도에서도 이런 예는 무수히 많다.

인간이 인간다워지는 (자연스럽게 인간다워지는) 방식은 여러 가지가 있지만, 그중에서도 가장 인간다운 방식은 이성을 발전시키고, 과거의 문제들을 해결하는 새롭고 더 좋은 방안을 찾아내고, 이웃이 발견한 좀 더 효과적이고 실용적인 해결책을 받아들여서, '항상 그래 왔던 것'과 우리 집단이 어제까지 '완전하고 자연스럽게' 여겨 왔던 것에 고집스럽게 얽매이지 않는 일이다. 진정한 특별함은 완고하게 지금의 우리에 연연하지 않고, 우리 자신의 노력과 이웃의 노력을 함께 활용하여 스스로를 개선하는 데 있다.

결국 우리에게 진정으로 중요한 소속감은 민족, 문화, 사회, 세계관 같은 것이 아니라 (왜냐하면 이런 것들은 비록 우리 삶에 많은 영향을 끼치기는 하지만, 우연의 산물에 불과하니까 말이다) 모든 민족, 모든 문화, 모든 사회 계층의 사람들과 필연적으로 공통되게 지니고 있는 인간에 대한 소속감이다. 바로 여기서 인권이라는 이념이 비롯되었다.

인권이란 우리가 처한 우연적인 역사적 상황에 상관없이 인간이 서로에게 마땅히 취해야 할 보편타당한 일련의 규범을 말한다. 인권이란 아무리 수많은 우연이 우리를 갈라놓을지라도, 우리 모두에게 근본적으로 공통된 것을 옹호하려는 태도이다. 인간의 보편적인 권리를 옹호한다는 것은 비록 소속된 집단이 다르다 하더라도 모든 인간에게 부여된 동등한 권리를 인정한다는 뜻이다. 결국 인권을 옹호한다는 것은 이러저러한 인종이나 민족이나 문화에 대한 소속 관계가 아닌 '인간'을 그 출발점으로 한다.

따라서 오로지 개별적 인간만이 이 권리의 대상이 될 수 있다. 어떤 특별한 집단 혹은 어떤 추상적 개념을 위해서 ('민족', '계급', '종교', '언어', 또는 심지어 '아직 태어나지 않은 인간', '바다' '산', '동물' 등을 위해서) 이 권리를 요구한다면 아무리 그 의도가 선의에서 나왔다고 할지라도 그 의미는 완전히 다르게 변하고 만다. 두 가지 예를 들겠다. 개인으로서의 인간은 자신의 언어를 사용할 권리를 가진다. 하지만 언어가 자신을 영원한 것으로 숭배할 옹호자들을 찾을 권리는 없다. 또 우리 인간은 자기가 마시는 물이 오염되지 않도록 보호할 권리를 가졌지만, 물이 자기를 오염시키지 말라고 요구할 권리는 없다.

인종주의자, 민족주의자의 나라에 미래는 없다

우리에게 특별히 더 혐오감을 주는 광신적 소속감에 대해 이야기해 볼까? 그런 소속감은 사람들 사이에 계급제도를 만들거나, 우리가 같은 인류에 속하지 않는다는 듯이 철조망으로 서로를 갈라놓고, 엄격하게 구획된 구역에 따로 살게 만든다.

이러한 집단주의의 해악 중에서도 가장 나쁜 것이 **인종주의**다. 인종주의는 피부색이나 코의 형태 또는 다른 어떤 제멋대로 내세우는 특징이 한 개인의 이러저러한 성격적, 도덕적, 지적 특성을 규정한다고 확신한다. 과학적인 관점에서 볼 때 인종에 대한 이런 맹신은 순전히 터무니없는 망상일 뿐이다. 수십만 년 동안 인류는 아무런 명확한 인종적인 차이를 보이지 않았다.

인류학자들에 따르면 인종 간에 처음으로 유전적 차이가 나타난 것은 약 6만 년 전이고(기후와 환경에 적응하는 과정에서 생겨났다), 불과 1만 년 전만 해도 흑인과 백인의 조상은 똑같은 갈색인종이었다. 더구나 인종주의자들은 오로지 피부색에 따라 사람들을 분류할 뿐, 예를 들어 혈액형(A, B, O, AB) 같이 유전적으로 더 중요한 다른 특징은 무시해 버린다. B형에는 (백인인) 스코틀랜드인의 80퍼센트, (흑인인) 중앙아프리카인, (갈색인) 오스트레일리아 원주민들이 속해 있고, A형에는 아프리카인, 인도인, 중국인이 거의 같은 비율로 속해 있다.

그런데 왜 스코틀랜드 사람과 중앙아프리카 사람을 같은 인종이라고 말할 수 없을까? 또 왜 중국인과 인도인과 아프리카인들로 구성된 인종이 존재했다고 말할 수 없을까? 맨 처음 보이는 것이 피부색이기 때문에 혈액형보다 더 중요하다는 뜻일까? 수혈을 받기 위해서는 헌혈자의 피부색이나 눈과 코의 형태보다는 혈액형 검사가 우선인데도? 더구나 이 모든 것들은 인간의 도덕적 능력이나 동등하게 대우받을 수 있는 시민의 권리와는 아무 상관이 없다. 개인의 존재 방식은 인종보다는 교양 수준의 차이와 문화적 전통에 의해 더 큰 영향을 받는 법이니까 말이다.

인종주의의 가장 큰 폐해는 '다른 사람'과의 화해를 전혀 허용하지 않는다는 데 있다. 교육을 개선하거나 관습, 사상, 종교를 바꾸기는 쉬워도 유전 형질을 바꿀 수는 없다. 그래서 사상과 종교로 인한 갈등은 언젠가 종식될 수 있지만, 인종 간의 증오는 화해가 불가능하다. 어떤 종류의 인간이 다른 종류의 인간보다 열등하다는 것이 사실일까? 인종적 측면에서 본다면 결코 그렇지 않다. 하지만 윤리나 정치의 측면에서 본다면 열등한 인종이 존재한다고 믿는 바로 그 사람이야말로 열등한 사람이다.

대부분의 사람들은 인종주의자가 아니어도 외국인을 싫어하는 경향이 있다. 외국인들이 자신들과 다르게 생기고, 다른 언어를 사용하고, 다른 생활 관습을 가지고 있기 때문이다. 이들은 외국인과 함께 있으면 불편한 느낌을 받는다. 광신자들은 자신의 이성을 믿지 못하기 때문에 주위의 모든 사람들이 자기처럼 생각하고 살아가길 바란다. 그래야만 안심할 수 있기 때문이다.

게다가 외국인에 대한 인종적, 문화적 거부는 그들에 대한 박해와 배척을 정당화하는 좋은 구실이 된다. 우리가 불편하게 여기는 외국인, 우리가 열등하다거나 위험하다고 손가락질하는 외국인은 아주 가난한 사람들뿐이다. 반대로 주머니가 두둑한 외국 관광객은 인종주의나 외국인 혐오의 대상이 되기는커녕 오히려 환대받고, 심지어 질투 섞인 찬사까지 받는다.

외국인을 혐오하는 사람들은 흔히 자신들이 '다른' 사람들에게 반감을 갖는 것이 아니라, '객관적으로' 그들에게 결점이 많음을 "인정할 수밖에 없다"고 주장한다. 이런 방식으로 그들은 인간 집단에 대한 중상모략을 (그리고 이른바 '좋은 편'에 대한 찬양을) 꾸며 낸다. 유대인은

'교활한 고리대금업자'라든가, 흑인은 '게으르다'든가, 북아메리카인은 '유치하다'든가, 아랍인은 '음험하다'는 식으로 말이다. 사실 이런 애매모호한 말들 때문에 개개인의 특징이나 결점이 어떤 특정 집단에게 부여된다. 마치 우리 인간이 각자 고유한 개성을 지니고 있지 않고, 자기가 소속된 집단의 개성을 받아들일 수밖에 없는 것처럼 말이다.

게다가 이런 식의 (폄하하거나 찬양하는, 하지만 둘 다 잘못된) 성격 규정은 시대에 따라 변한다. 실상 그런 규정이 어떤 역사적 시기의 사회적 생활양식을 생각 없이 일반화한 것에 불과하기 때문이다. 예를 들어 17세기 말에는 왕을 참수하고 의회의 권력을 강화한 영국인이 선동적이고 반항적이라는 평판을 받았고, 태양왕의 절대군주제 치하에서 살았던 프랑스인은 유럽에서 가장 순종적이고 질서를 잘 지키는 민족으로 통했다. 그런데 100년 뒤에 백과전서파의 사상과 프랑스혁명이 일어나자 두 나라의 이른바 '민족성'이 뒤바뀌게 되었다.

외국인을 혐오하는 사람들은 (나치즘처럼 단순하고 가혹한 인종주의를 의식하며) 자신의 생각을 좀 더 신중하게 표현한다. 그들은 외국인을 몰살해야 한다거나 외국인이 본질적으로 열등하다고 주장하지는 않는다. "우리가 원하는 건 단지 그들이 자기 나라로 돌아가는 것뿐이다. 여기 우리는 그들과 다르니까"라고 그들은 말한다. 국가는 단일하고 영원한 존재 방식을 가지며, 외국과의 모든 접촉에서 보호되어야 한다고 생각한다.

하지만 실제는 이와 완전히 다르다. 국가는 다양한 집단들이 서로 적응하고 뒤섞여서 생겨난 것이다. 가장 창조적인 문명은 민족과 문화가 가장 많이 뒤섞였던 시대와 장소에서 생겨났다. 기원전 6세기 무렵의 이오니아, 유대인과 무어인과 기독교인이 함께 살았던 알폰소 10세 때의 스페인 도시 톨레도, 세계 각지에서 이주민들이 모여들었던 19세기 말과 20세기 초의 북아메리카와 1900년 무렵의 빈 등이 그 대표적인 예다. '순수한' 집단, 인종, 민족이란 권태나 범죄만을 불러올 뿐이다.

'우리 것'에 소속되기를 바라는 이러한 도착증 중에서 가장 널리 퍼져 있는 위험한 형태가 바로 민족주의다. 민족주의는 근대 국가의 이데올로기에 그 기원을 두고 있다. 신의 은총을 받은 왕이나 세습 귀족에 동화되기를 거부한 시민들은 이 이데올로기를 무기로 민족, 조국, 국민이라는 새로운 공동의 이상을 내세울 수 있었다. 민족주의는 자신에게 가장 친밀한 지역과 관습 및 이해관계를 따르는 개인들의 필연적인 성향을 이용하여 우리가 속한 (이익과 재난을 모두 함께 나누어야 하는) 집단의 발전을 위해 최선을 다하자는 사상이었다.

하지만 20세기에 이르러 민족주의는 참혹한 세계 대전이나 (유고슬라비아의 경우처럼) 내전을 정당화하는 일종의 호전적 신비주의로 변모했다. 궁극적으로 민족주의는 다른 나라 혹은 자기 나라 안의 다른 집단 등 그 어떤 것을 **적대시함**으로써 자신들이 지닌 결함이나 문제의 책임을 전가하려 한다. 민족주의가 효과를 발휘하려면 외부의 적으로부터 위협을 받고 있다고 느껴야 한다. 따라서 세상에 하나의 민족밖에 없다면 민족주의는 아무런 매력이나 의미도 없게 될 것이다.

민족주의 이론은 국가가 그리 분명하지 않은 '영적' 실체인 민족의 표현이라고 주장한다. 그렇게 되면 국가는 예전부터 존재했던 동일한 언어, 문화, 생활 방식, 사고방식의 통일체, 즉 국가가 생겨나기 이전부터 이미 존재했던 '민족'이라고 하는 '자연적인' 어떤 것이 될 수밖에 없다.

그러나 실상 현존하는 모든 국가는 역사적 상황에서 생겨난 (때로는 매우 부당하고 잔인한) 협약의 산물이다. 나중에 가서야 국가는 자신을 구성하고 있는 다양한 집단과 공동체를 묶어 주는 정치적 '영혼'을 발명해 내서, 여기에 실질적인 통일성을 부여했다. 이미 국가를 가지고 있는 민족주의자들은 이런 '영혼'과 지리적 영토를 '신성'하다고 여기며 논의의 여지가 없는 신성불가침한 것이라고 말한다. 또 아직 국가를 가지지 못해 그것을 가지려 하는 또 다른 민족주의자들은 국가를 가져야만 자신들의 고유한 '민족혼'을 존중받을 수 있다고 말한다.

하지만 어떤 국가도 과거의 실체에 바탕을 둔 '자연적인' 토대를 가질 수는 없다. 모든 국가는 다양한 집단을 가능한 한 통합하고 조정할 수 있지만, 이는 어디까지나 인위적이며 논란의 여지가 있다. 예를 들어 과연 언어가 국가의 '자연적' 토대일까? 지구상에는 약 8,000개의 언어가 있지만, 국가는 겨우 200개 정도밖에 되지 않는다. 따라서 국가의 수를 10배로 늘린다고 해도 언어마다 한 개의 국가가 성립하지는 못한다. 인종이나 종교를 국가의 토대라고 생각하는 데 대해서는 아예 말하고 싶지도 않다! 우리는 '인종 청소'라는 끔찍한 국가적 폭력이 확산되어 가는 현실을 잘 알고 있다!

민족주의적 사고방식이란 '외부'의 함정에 맞서야 한다면서 '내부'를 선동하고, "우리는 특별하다"고 대대적으로 나팔을 불어 대는 정치적 술수에 불과하다. 이것은 현재 우리가 직면하고 있는 시급한 정치적 문제들과는 전혀 무관하다. 지금 우리에게 중요한 문제는 과연 국가가 그 안에 살고 있는 모든 국민의 인권과 시민권을 얼마나 존중하는가, 다른 국가들과 협력하여 전 세계 차원의 문제를 해결하기 위해 주권의 일부를 포기할 수 있는가, 또 가난과 폭력에 대응하는 적합한 수단을 제공하고 있는가 등이다.

국기의 색깔이나 영토는 부차적인 문제다. 몇몇 현대 국가들은 개혁을 통해 공동의 정치적 이익을 얻어 낼 수 있다. 또 모든 국가들이 초국가적인 결합을 추구하여 국가 간의 충돌을 방지하고, 인류가 직면한 커다란 공동의 문제들을 해결해야 한다.

그 밖에도 광신적 민족주의는 오로지 강력한 국가를 신격화하고, 다양한 민족들 사이에서 아슬아슬하게 균형을 유지하고 있는 약소민족을 파멸시키려 할 뿐이다. 민족주의는 또한 문화적으로 소수민족에 속한 야심적 정치가들에게 정치적 발판이 되어 주기도 한다. 하지만 그런 정치가들은 사회를 변혁하기 위한 참된 계획을 가지고 있지 못하며, 이성보다는 대중의 미신과 광기에 더 많이 의존하기 마련이다.

정치가를 부패하게 만드는 정치 혐오증

집단에 소속되고 싶어 하는 욕구가 빚어내는 탈선에 대해서는 이 정도로 이야기해 두겠다. 이제 그만 (그러지 않으면 이 장이 텔레비전 연속극처럼 끝없이 이어질 테니까 말이다) 정치적 참여 의식을 방해하는 여러 가지 제약에 대한 이야기로 넘어가기로 하자.

고대 그리스의 민주주의와 오늘날의 민주주의 사이에는 분명 수많은 차이가 존재한다. 그중에서도 가장 명백한 차이는 그리스인에게는 정치적 참여가 의무였던 반면에, 오늘날에는 원하면 행사하고 경우에 따라서는 포기할 수도 있는 권리라는 점이다.

참여하는 방식도 많이 다르다. 그리스 도시들은 워낙 작았기 때문에 모든 시민이 중요한 결정에 참여해서 자신의 견해를 말할 수 있었다. 하지만 지금은 한 나라 안에 워낙 많은 사람들이 살고 있기 때문에 선출된 **대표자**들이 일상적인 정치 사안들을 심의하고 결정한다. 이러한 체제 변화는 명백한 장점을 가지고 있지만, 심각한 단점도 가지고 있다. 이런 제도는 고대 아테네인에게는 결코 장점이 될 수 없었을 테지만 생활양식과 사고방식이 완전히 다른 우리들에게는 분명한 장점이 있다.

대부분의 그리스 시민들은 거의 혹은 전혀 일을 하지 않았다. (노예가 있었으니까 말이다!) 그래서 정치 집회에 나가 있을 시간이 충분했다. 반면에 우리는 하루하루의 일로 너무 바쁘기 때문에 국가적인 문제까지 날마다 공부하고 토론하라면 매우 귀찮을 것이다.

그리스인에게 '사생활'은 그리 중요한 가치가 아니었다. 집안일이나 가정 문제는 폴리스 안에서 명백하게 하위를 차지하고 있던 여자들에게 맡겨졌다. 그리스인에게 무엇보다 중요한 것은 공적인 생활이었다. 동등한 시민들과 경쟁하고 협력하면서 정치 문제나 법적인 문제를 토론하고, (비극, 희극, 올림피아 제전 등) 공동의 여가 생활을 즐기고, 또 전쟁터에 나가는 등의 일들 말이다. 반면에 우리에게는 사적인 활동이 훨씬 중요하다. 다른 사람들과 함께 나누는 취미와 오락, 가족 간의 사랑과 화목, 우리 자신과 우리에게 속한 사람들의 방식에 따라 행복을 가꾸는 등의 일을 우리는 사적 영역이라고 부르면서, 여기에 공적인 생활보다 훨씬 커다란 의미를 부여하고(우리 모두는 보수를 받고 하는 일보다 휴가와 축제에 진정한 삶이 있다고 말하니까 말이다), 국가의 간섭으로부터 이 사생활을 보호하려 한다.

그리스인은 무엇보다 '정치가들'이었다. 폴리스에서 성장했고, 폴리스가 가장 중요한 일이었다. 반면에 우리는 아주 '개인적'이어서 공적인 일에 대한 우리의 관심은 매우 미미하다. 가까운 예로 지금 텔레비전에서 축구 결승전을 중계하거나 친구와 만나야 하는데, 국가 예산에 대해 알아보라고 하면 네가 이것을 받아들일까? 전문 지식이 없는 서민들이 현대 국가를 관리한다는 것이 (그리스의 폴리스에 비교할 때) 얼마나 복잡한 일이며, 모든 사안에 대해 모든 시민에게 견해를 물어보는 일이 얼마나 어려운가 하는 등의 문제들은 일단 접어 두고라도 말이다.

하지만 이런 난점들은 내가 보기에 그리 심각한 문제는 아닌 것 같다. 스스로 전문가가 되지 않아도 전문가들로부터 쉽게 지식을 얻을 수 있으니까 말이다. (사실 대부분의 직업정치가들은 매일 아침저녁으로 신문을 읽는 보통 사람들보다 나라 안의 일에 대해 더 아는 것 같지도 않다.) 집에 앉아서도 텔레비전 토론에 참여하는 일이 가능할 만큼 매체가 발달해서 정치 토론이나 투표에 참여하는 일은 그리 어려운 문제가 아니게 되었다. 진짜 걸림돌은 정치에 참여하는 일이 우리의 시간을 너무 많이 빼앗는다고 생각하고, 그런 일을 떠올리는 것조차 귀찮게 여긴다는 데 있다!

바로 그 때문에 오늘날의 민주주의 정부는 시민들이 선출한 대표들로 구성되어, 이들로 하여금 공동체가 당면한 문제의 해결을 위해 (다수의 의지에 따라) 노력하게 하고, 그 대가로 보수를 지불한다. 그런데 이 대표들이 유감스럽게도 우리에게 일을 위임받았을 뿐이라는 사실을 망각하고 명령 전문가로 돌변하는 경향을 보이기도 한다. 현대 민주주의에서는 정당이 – 내가 보기에 대체 불가능한 – 매우 중요한 기능을 담당하고 있다. 문제는 이 정당이 폐쇄적인 권력 구조, 의회 내 정파의 압력, 그 밖에 다른 권위적 방식들을 통해 시민들의 감독과 비판에서 벗어나려 한다는 데 있다.

이로 인해 시민들은 점점 더 공적인 일에 관심을 잃게 되어 ("어차피 자기들 하고 싶은 대로 할 텐데, 애쓸 필요가 뭐람?" 하고 말이다) 정치를 등한시하게 된다. 이 모든 것을 한마디로 표현하는 단어가 바로 '정치 혐오증'이다. 내 생각에 많은 민주주의 국가에서 직업정치가들이 부패하게 되는 책임은 바로 이 정치 혐오증에 있다.

직업정치가들이 부정한 방법으로 돈을 챙기는 이유는 자신들의 사리사욕을 채우기 위해서이기도 하지만 대부분은 정당의 정치 자금을 확보하기 위해서이다. 원래 시민 모두가 정부의 일에 어느 정도 참여하게끔 하는 도구에 불과한 정당 그 자체가 목적이 되어, 자기 자신을 기준으로 좋고 나쁜 것을 결정하게 된다. 자기 정당에 이로운 것은 모두 좋고, 자기 정당에 해로운 것은 모두 나쁘다는 식으로 말이다. 이런 위험한 확신을 뜯어고치는 데에는 다음과 같은 세 가지 방법이 있다.

1. 법이 엄격하게 적용되어야 한다. 그 나라의 정치적 위계 구조에서 아무리 높은 지위에 있는 사람이라 할지라도 잘못이 있으면 반드시 처벌받도록 해야 한다.
2. 정당의 정치적 중요성을 제한해야 한다. 특권을 축소해야 하고, 정당 내부의 비판적 목소리를 억누르는 권위적 구조를 거부해야 한다.
3. 정당에 병행하여 시민 단체, 지역 단체, 노동자 단체 등 다른 형태의 공적인 생활에 참여하는 가능성을 확대해야 한다.

한마디로 명령 전문가들에게 대체할 수 없는 굳은 껍질이 형성되어, 다른 모든 사람을 복종 전문가로 만드는 일을 막아야 한다.

마지막으로 정치 참여의 위험에 대해 한마디만 더 해야겠다. 맹세하는데, 이것으로 이 장을 끝내겠다. 우리는 우리의 이익을 지키기 위해 공적인 생활에 참여한다. 그런데 조금만 깊이 생각해 보면 알 수 있는 일이지만, 우리에게 가장 커다란 이익이 되는 일은 우리가 살고 있는 이 사회가 가능한 한 커다란 사회적 유대를 나누는 것이다. 다시 말해 균형이 잘 유지되고, 비록 갈등과 투쟁이 있더라도 ('전체가 하나처럼'이 아니니까 말이다) 폭력을 사용하지 않고, 권리가 보장되고, 책임의 소재가 분명해야 한다. 또 우리 중 어느 누구도 정글 속에 홀로 내버려져 있다는 느낌을 받거나, 사소한 인간적인 약점으로 인해 린치를 당하거나, 잘못으로 공동의 길에서 내버려지거나, 차이로 인해 적대시되어 파멸에 이르러서는 안 된다.

단순하지만 중요한 원칙을 다시 한번 반복해야겠다. 나는 『윤리, 최대한 쉽게 설명해 드립니다』에서 네게 확언하기를, 우리가 인간으로서 얻을 수 있는 가장 큰 이익은 진정으로 인간적인 존재가 되는 것이라고 했다. 정치의 경우에도 우리가 얻을 수 있는 가장 큰 이익은 진정으로 '사회적인 사회'를 만드는 데 있다고 네게 말해 주고 싶다. 사회적 연대란 개인의 이익을 포기하는 것이 아니라 오히려 자신의 이익을 지키기 위하여 가장 중요한 이익을 — 진정으로 사회적인 사회를 — 모두 함께 고려하는 것이다. 하지만 정치적으로 공동의 이익을 관리하는 일에 참여하게 되면, 이 본질적인 이익을 — 그것이 너무 자명하기 때문에 — 잊어버릴 위험이 있다. 대부분의 사람들이 직접적인 이익에 눈이 멀어 이 본질적인 이익을 소홀히 하지만, 이것이 없다면 직접적인 이익도 아무 가치가 없게 된다.

알렉상드르 뒤마의 유명한 소설에 나오는 삼총사의 서약을 기억하는지 모르겠다. "모두를 위한 하나, 하나를 위한 모두!" 단언하건대 가장 강력하고 부유해지기 위해 이보다 더 좋은 공식은 없다. 물론 내 말은 인간적으로 가장 강력하고, 인간적으로 가장 부유하게 된다는 뜻이다. 너도 이미 알고 있었을 게다. 오늘은 이만하면 됐다.

개인은 사회를 비판하지만, 그 개인을 만들어 낸 것은 바로 사회다.

이러한 대립은—이것을 모순이라고 말할 수는 없다!—수많은 갈등을 낳는다. 사회, 좀 더 엄밀히 말해 사회라는 이름으로 지배권을 행사하는 사람들은 개인이 단지 사회에 봉사하기 위해 존재한다고 생각한다. 그러나 우리가 이름을 부여한 기계적인 전체에 맹목적으로 따르기 위해, 살아 있는 모든 부분들을 희생시킨다는 것이 얼마나 괴이한 일인가!

조지 산타야나, 『지배와 권력』

오늘날 개인과 그 본질적 가치를 발견하려는 노력을 비방하고, '개인주의'라는 단어를 경멸적인 의미로 사용하는 사람들이 있다. 지나친 개인주의는 옳지 않고, 개인주의가 타락한 형태로 나타날 수도 있음은 물론 사실이다. 그러나 균형을 잃지 않으려면, 죽는 것만큼이나 죽이는 일을 당연시하는 잔혹하고 비인간적인 세계에서는 개인에게 아무런 가치를 인정하지 않는다는 사실을 덮어 두어서는 안 된다. 과거의 세계는 그러했지만, 우리의 세계는 그래서는 안 된다. 우리에게는 죽이는 것이 악이다. 모든 개인의 삶은 중요하고 가치를 지니며 신성하기 때문이다. 우리를 인간으로 만들어 주고, 고대와 현대 전체주의의 잔인성을 거부하게 해 주는 것은 바로 이러한 가치에 대한 믿음이다.

_이탈리아의 정치학자, 조반니 사르토리

내가 어린 시절에 경험한 가장 생생한 기억 중의 하나는 라디오로 중계된 미국 흑인 조 루이스와 독일인 막스 슈멜링 간의 헤비급 챔피언 2차전 경기였다. 1차전에서 슈멜링이 루이스를 때려눕혔을 때, 나치 신문들은 백인종이 선천적으로 우월하다고 열광적으로 떠들어 댔다. 그런데 내 기억이 틀리지 않는다면, 2차전에서는 루이스가 1라운드에서 슈멜링을 때려눕혔다. 심판이 승자에게 마이크를 갖다 대고 흥분하여 물었다. "자, 조, 오늘 저녁 당신네 인종이 자랑스럽겠지요?" 그러자 루이스는 남부 억양으로 대답했다. "물론입니다. 나는 내 인종인 인류를 자랑스럽게 생각합니다."

_미국의 역사가 가브리엘 잭슨

지구상에는 많은 민족이 살고 있다. 그리고 또 지구상에는 독립적이고 자주적인 정치적 단위도 상당수 있다. 합리적으로 계산하면, 전자의 수(민족의 수)가 아마 후자(국가)보다 훨씬 더 많을 것이다. 이러한 추론, 혹은 계산이 맞는다면, 민족주의가 모두 만족을 얻기란 불가능하다. 적어도 동시에 만족을 얻는 일은 불가능하다. 어느 한 쪽의 만족은 다른 쪽의 환멸을 의미한다. (…) 사실 국가와 마찬가지로 민족도 보편적인 필연성이 아니라 역사적인 현상에 불과하다. 민족이든 국가든 모든 시대, 모든 상황에서 존재하는 것은 아니다. 그뿐만 아니라 민족과 국가는 동일하지 않다. 민족주의자들은 국가와 민족이 동전의 양면처럼 서로 의존하고 있으며, 어느 한쪽이 없으면 불완전하고 비극을 초래한다고 주장한다. 그러나 민족과 국가는 서로 의존하기 이전에 제각각 출현했으며, 이 출현은 독립적으로 우연하게 이루어졌다. 국가가 민족과 무관하게 출현했음은 분명한 사실이다. (…) 민족주의가 민족을 만들어 낸 것이지, 그 반대는 아니다.

_어니스트 겔너, 『민족주의와 현대』

의회에 대한 불평의 목록은 서유럽의 의회 체제에서 다른 곳의 의회 체제로 넘어가면 내용이 달라지기는 하지만, 끊임없이 증가해 왔다. 오늘날 의회는 다른 곳에서 내린 결정에 도장이나 찍는 들러리로 여겨지고 있다. 과거에 기사도적인 허식이나 부리고, 의례적인 토론이나 벌이고, 하찮고 사소한 일에 매달리는 곳으로 비난받아왔던 의회에 이제 이런 관점이 덧붙여진 것이다. 하지만 사회운동에서 나타나는 명백한 현상은 민주주의가 단지 의회만의 일은 아니며, 지역 차원의 협약과 사회적 자발성이 중시되어야 한다는 확신이 증가하고 있다는 사실이다.

(…) 지금까지 시민의 민주적 자유를 촉진하면서 의회를 폐지한 정치 체제는 없었다. 또 민주적인 의회를 유지하고 있으면서 시민의

자유를 소멸시킨 정치 체제도 없었다. 후기 자본주의의 시민사회에서 전면적인 정치적 자유와 능동적이고 활성화된 의회를 결합시킨 정치 체제는 지금까지 나타나지 않고 있다. 바로 이런 체제의 수립이야말로 사회주의의 전통에 오늘날 부과된 정치적 도전일 것이다.

_존 키네, 『민주주의와 시민사회』

우리는 현대 공화정의 규범적 토대를 기억하여, 우리 자신을 그것의 자유로운 법적·사회적 질서와 동일시해야 한다. 자유민주주의는 세계시민의 토대가 되는 가치다. 시민권이라는 개념은 모든 민족에게 타당한 인권에서 도출되었다. 민족적 출신이 시민권을 보장하는 결정적 요소가 되어서는 안 된다.

정치적 망명자를 받아들이고, 이민을 허용하고, 이민자를 진정으로 사회에 통합시키는 국가만이 공화국이다. 이제 우리는 민족적, 문화적으로 동질적인 '민족 공동체'라는 미친 생각과 영원히 그리고 완전히 결별해야만 한다. 이 세계에 민족국가가 되어서는 안 되는 단 한 나라가 있다면, 그것은 바로 역사 속에서 끔찍한 인종 청소의 선례를 보인 독일이다.

_독일의 정치학자 디터 오버른되르퍼, 「프랑크푸르터 룬트샤우」와의 인터뷰

민주주의가 이른바 국가에 대한 민주적 통제를 통해 확보될 수 있다고 믿는다면 그것은 불행한 환상이다. 국가 자체는 민주적으로 통제될 수 없다. 민주주의를 원한다면 국가를 폐지해야만 한다.

_존 번하임, 『민주주의에 대하여』

6

돈 그리고 노동,

경제학자들도 풀지 못한 숙제

'항상 더 나은 것'을 원하기

동물은 부자일까, 아니면 가난할까? 사실 동물들은 이런 문제에 아무 관심이 없다. 물론 동물을 인간에 비유한 우화 「개미와 베짱이」를 보면 조금 달리 생각되기는 하겠지만 말이다. 동물은 그들에게 필요한 것을 알고 있다. 동물은 배고픔, 거처, 생식, 적에 대한 방어 등의 본능적 욕구를 느끼고, 이런 욕구를 충족하기도 하지만, 때로 실패하기도 한다. 그러면 죽음의 위협에 직면한다.

동물에게는 변덕이나 환상이 없다. 욕구를 충족하면 즉시 만족한다. 휴식을 취하며 새로운 욕구나 세련된 욕구를 만들어 내려고 고심하지 않는다. 동물에게는 자연에 의해 '프로그래밍된' 욕구만이 있을 뿐이다. (내가 여기에서 말하는 동물은 인간에 의해 다소간 '문명화된' 동물이 아니라, 자연 상태의 동물이다.) 욕구를 충족한 동물은 '부자'이고 그렇지 못한 동물은 가난하다고 말한다면, 내가 보기에는 좀 과장인 듯싶지만 판단은 네게 맡기겠다.

우리 인간은 이와는 사정이 전혀 다르다. 인간은 자신에게 무엇이 필요한지 잘 알지 못한다. 이것이 인간과 동물의 가장 큰 차이점이다. 물론 엄밀하게 생물학적인 관점에서 보면 우리 역시 양분과 은신처를 필요로 하고, 생식하고, 스스로를 방어해야 하고, 또 그 밖에도 우리와 비슷한 포유동물에게 필요한 것들이 우리에게도 필요하다.

하지만 우리는 이런 기본적인 욕구들을 아주 특별한 것으로 만들어 버렸다. 이로 인해 인간의 욕구는 매우 까다로워져서 충족과 만족을 모르게 되었다. 처음에는 그저 먹기를 원하지만, 그다음에는 이것 혹은 저것을 먹으려 하고, 또 그다음에는 우리 인간의 위엄에 어울릴 만한 바로 그것을 먹기 위해 목숨까지 건다. 그리고 때로는 다이어트를 하거나 단식투쟁을 하기도 한다. 처음에 인간은 바위 밑에서 은신처를 찾다가 그다음에는 동굴에서, 그리고 또 다음에는 나무 울타리 안에서 살다가 마침내 성채와 요새와 마천루를 세웠다. 점점 복잡해진 종족 번식에 대해서는 굳이 네게 말해 줄 필요가 없으리라 생각한다.

동물은 욕구가 충족되면 다시 욕구가 생길 때까지 그 욕구를 잊어버린다. 반면에 우리는 그것을 계속 머릿속에 담아 두고 그 욕구를 좀 더 폭넓게, 잘 충족하기 위해 곰곰이 생각한다. 모든 욕구는 원래 있는 그대로의 (육체적이고 생물학적인) 욕구일 뿐이다. 하지만 그 욕구에는 우리가 아직 원하는 모든 것이 내포되어 있다. 그래서 욕구의 충족은 안도와 평안뿐만 아니라 불안과 탐욕도 불러일으킨다. 더 많은, 점점 더 많은, 더 나은, 점점 더 나은 것을 향한 탐욕을 말이다.

앞에서 이야기했듯이 인간의 문제는 자신에게 무엇이 필요한지, 즉 자신이 무엇을 원하는지 잘 모른다는 데 있다. '원한다'는 것이야말로 인간의 가장 기본적인 욕구이자 예측할 수 없는 욕구이다. 잠시 두뇌 훈련을 해 보기로 하자. 동물은 살아 있기 때문에 원하는 반면에 (다시 말해 욕구에 따라 무언가를 탐하는데) 우리 인간은 무언가를 원하기 때문에 살아간다.

이렇듯 (동물들이 그런 것처럼) 살기 위해 원하는 것이 아니라 원하기 때문에 사는 것이 우리에게 수많은 복잡한 문제들을 안겨 준다. 이런 복잡함 전체를 우리는 문화, 혹은 다소 우쭐대는 현대적인 표현으로서 문명이라고 부른다. 문화나 문명이 좋은지 나쁜지에 대해서는 내게 묻지 마라. 또 우리도 다른 동물처럼 자연스러운 욕구에 따라 살면 더 행복하지 않겠냐고도 묻지 마라. 나는 문화와 문명을 '자연스러운 것'으로 생각하는 사람들 중의 하나이니까.

물론 다른 견해도 많은데, 18세기에 장 자크 루소라는 철학자는 인간들 사이의 불평등, 착취, 경쟁, 그리고 우리 인간 본성의 거의 모든 다른 악덕의 근원을 바로 문명이 발전한 탓으로 돌렸다. 그의 말에 따르면 "인간은 자유롭게 태어나 어디서든 사슬에 매어 있다". 관습과 제도와 사회적인 편견에 묶여 있다는 말이겠지.

원래 인간은 뿔뿔이 흩어져서 언어도 없이 아무것도 소유하지 않고, 단지 자연적 본능에 따라서만 살았다. (즉 인간은 자연법칙의 주체가 아니라 객체였다. 한마디로 인간이 자연법칙을 만들어 낸 것이 아니라는 말이다.) 그럼에도 인간에게는 동물에는 없는 어떤 능력이 있었다. 자신을 향상시키는 능력 말이다. 우리가 방금 전에 했던 말로 다시 돌아가면, 인간은 '점점 더 많이, 그리고 점점 더 나은 것'을 원했다. 이렇게 해서 함께 모여 살게 된 인간은 말을 하기 시작하고, 서로를 모방하고, 상대방보다 높은 위치에 서려 애쓰고, 지금 가진 것에 만족하지 않는 법을 배우게 되었다. 오늘날 우리가 목격하고 있는 세상은 그로부터 생겨난 결과라고 할 수 있다.

루소는 우리에게 원시 상태로 돌아가라고 권하지는 않았다. 매우 현명하게도 그는 그것이 불가능한 일이라고 생각했다. 그는 우리에게 사회를 조직하고 교육을 개혁하여 우리를 억압하는 현재의 불평등과 노예 상태를 대부분 제거한, 일종의 '제2의 자연', 인위적인 자연을 재획득하라고 권한다.

루소조차 자연으로 돌아가라고 설교하지 않았는데, 하물며 루소보다 '선량한 야만인'이라는 것을 더 믿지 않는 내가 그것을 권할 리 없지. 나는 지금 이 구절을 컴퓨터에 입력하고 있는 중이다. 네가 이 글을 읽게 된다면 그것은 순전히 전기 덕분이다. 물론 편집 과정을 거쳐야 하겠지만 말이다. 나는 이 페이지를 끝내면 텔레비전에서 방영하는 영화나 보련다. 생각을 너무 많이 했더니 머리가 아파서 아스피린도 한 알 먹어야겠다. 사정이 이런데도 내가 만약 문명의 해악에 대해 이야기하기 시작한다면, 순전히 헛소리가 되고 말겠지. 나는 결코 문명이 사라지거나 축소되기를 원하지 않는다. 오히려 나는 우리가 더 고도로 '문명화'되기를 바라는 사람이다. 우리 인간 사회는 많은 발명(규범, 기술, 이론 등)을 했지만, '발명을 취소하는' 경우는 없다. 마음에 들지 않는다고 해서 발명을 되돌릴 수는 없다. 더 나은 것으로 대체할 수는 있겠지. 우리가 발명한 것에서 벗어나려면, 더 좋은 것을 계속 더 많이 발명하는 방법밖에 없다.

사유재산, 인간 불평등의 기원?

루소가 인간의 모든 해악의 뿌리라고 여긴 사회제도는 바로 소유권이었다. 들판에 울타리를 치고 "이건 내 거야" 하고 주장한 약삭빠른 사람들과 그 주장을 믿은 사람들 때문에 부자와 빈자 간의 모든 갈등과 착취가 생겨났다는 것이다. "이건 네 것이고, 이건 내 것이다"라고 말하게 된 일이 (그리고 이것을 법적으로 확립한 일이) 이루 헤아릴 수 없이 많은 불안을 초래했으며, 이런 불안으로 말미암아 국가, 경찰, 은행, 상호 착취, 그리고 현재도 남아 있는 다른 노예 상태들이 생겨났다. 루소는 인간들 사이의 진정한 불평등의 기원을 정치가 아니라 경제에서 찾았다.

사실 학자들은 원시 사회가 경제적으로 더 평등했다고 판단한다. (힘과 출신과 사회적 위계질서의 불평등에 대해서는 이미 이야기한 바 있다). 학자들의 일치된 견해에 따르면 사회 구성원들은 사적인 물건을 거의 소유하지

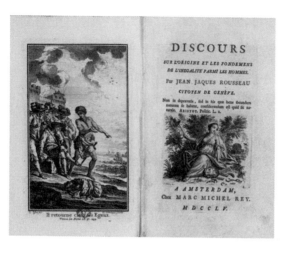

❖ ─ 루소의 책 『인간 불평등 기원론』의 판본 중 일부

않았고, 거의 대부분이 비슷한 정도의 재산을 소유했으며, 가장 귀중한 것은 대체로 공동 재산이었다.

　하지만 이런 원시 사회에서도 특정한 것들에 대한 소유는 개성 (즉 독립성, 자율성, 결단력)과 깊은 관계를 맺고 있었다. 물론 부족 사회의 경우 진정한 '개성'은 집단의 개성이었기 때문에 재산은 원칙적으로 공동 소유였다. 사람들은 부족 안에서는 서로 평등했지만 이웃 부족에 대해서는 그렇지 않았다. 그들은 '위대함'에서 이웃 부족을 능가하려 했고, 자기 부족의 재산이 이웃 부족에게 탈취당하는 것을 결코 용납하지 않았다. 이런 개성을 집단의 구성원이 개별적으로 가지게 되면, 다시 말해 개성이 '사유화'되면, 재산 역시 사유화된다. 이 과정을 거꾸로 생각해도 된다. 사유재산과 더불어 사적인 개인이 생

146

겨났다고 말이다.

　다르게 질문해 보자. 이것은 좋은 결과일까, 나쁜 결과일까? 나로서는 앞에서와 같은 방식으로 대답할 수밖에 없다. 너무 오래전에 일어난 일이라서 내가 기억할 수도 없고, 또 나와는 무관한 일이라고 말이다. 루소처럼 훌륭하지만 단정적인 사고방식을 가진 사람들은 사회와 정치를 항상 흑백논리로 평가한다. 긍정적이다−부정적이다, 좋다−나쁘다 하는 식으로 말이다. (이러한 편향성에 균형을 잡기 위해 루소 같은 진정한 지성인들은 자신의 저서에서 스스로 모순된 주장을 하게 된다. 그래서 그들의 저서에는 항상 한 가지 이상의 관점이 나타난다.) 물론 루소도 공동으로건 개별적으로건 **인간은 언제나 재산을 소유하고 있다**는 사실을 잘 알고 있었다. 한마디로 사유재산은 보는 관점에 따라 긍정적일 수도, 부정적일 수도 있다.

　사유재산은 불평등과 탐욕과 질투를 불러일으키고, 사람을 그의 존재보다는 그의 소유로 판단하게 만드는 경향이 있다. 다른 사람에게 공감을 느끼기보다 그가 가진 재산에 더 많은 관심을 갖게 하는 것이다. 하지만 또 한편으로 사유재산은 개인의 독립성과 자율성을 높이고, 집단으로부터 일정한 거리를 유지하는 개인의 창의성을 키워 준다. 또 집단의 강요가 아니라 이성적 사고에 바탕을 둔 권리와 의무를 발전시키도록 해 준다.

　물론 사유재산의 추구는 집단에 꼭 필요한 연대감을 파괴할 수도 있다. 하나의 집단이 우연히 모여 살게 된 한 무리의 사람들에 불과한 것이 아니라 진정한 의미의 사회가 되게 하는 연대감을 파괴한다는 뜻이다. 하지만 사유재산을 전적으로 거부하면 개인의 인격을 위한 상징적이고 경제적인 지지 기반이 파괴되어 사회는 한 무리의 유목민이나 병영처럼 되어 버리고 만다.

몇몇 성자 같은 사람들은 "사유재산이 없으면 모든 인간이 형제가 되리라"고 설교한다. 하지만 나는 타고난 이교도적 체질 때문인지 몰라도 모든 인간이 '형제'가 될 수 있다는 환상을 품지 않는다. 그렇게 되려면 공동의 아버지가 필요하고, 하늘은 너무 높은 데 있으니까 이 지상에서는 교회와 국가가 아버지 역할을 맡게 되리라고 믿기 때문이다. 나는 우리 인간이 사회의 일원으로서 서로 품위를 지키고, 서로 협력하고, 법 앞에서 평등하게 되면 만족한다. 이런 목표에 도달하기 위해 사유재산은 – 물론 반드시 필요한 사회적 제한이 따라야 하겠지만 – 방해가 되는 것이 아니라 오히려 반드시 필요한 조건 중의 하나다.

도시화가 촉진되면서 재산과 돈, 그 밖의 사회 문제들을 야기하는 다른 원천들이 더욱 확산되었다. 도시화란 우리가 더 이상 농부들처럼 땅에만 의존하는 작은 공동체에서 살아가는 것이 아니라, 다양한 직업과 기술과 사업이 존재하는 도시 생활을 하게 되었음을 의미한다. 도시 생활은 인간에게서 그 뿌리를 뽑아 버리고, 그를 토지와 마을에서 떨어져 나오게 만들었다. 그 대신 도시 생활은 인간에게 새로운 지식을 제공하고, 다른 지역에서 온 사람들과 만나게 해 주고, 새로운 방식의 생계 수단을 가능하게 해 주었다. 그리하여 새로운 덕이 생겨나고, 또 새로운 악덕도 생겨났다.

도시 생활이 갈등과 유혹과 곤궁을 증가시킨다는 말은 틀림없는 사실이다. 하지만 인간을 많은 속박에서 풀어 준 것 또한 사실이다. 중세 속담에 "도시의 공기는 인간을 자유롭게 한다"라는 말이 있다. 도시에서는 당연히 경제적 불평등이 심하게 나타나지만, 우리 부모들의 삶과는 다른 개인적 삶을 살아갈 수 있는 가능성이 그만큼 많아진 것도 사실이다. 돈이라는 고약한 놈은 새로운 위계질서를 만들어 냈지만, 과거의 수많은 위계질서를 없애기도 했다. 저축한 돈이 출신보다 더 중요하고, 사업 능력이 무기를 잘 다루는 능력보다 더 유용하게 되었다.

사람들은 인정받기 위해 애쓰고, 무슨 수를 써서라도 자기 작품이나 발명품이나 재산의 주인이 되려 한다. 그들이 궁극적으로 원하는 것은 이를 통해 자기 자신, 자기 삶, 자기 운명의 주인이 되는 일이다. 이렇게 해서 인간은 과거의 속박에서 벗어나지만, 이와 동시에 지금까지 알려지지 않았던 새로운 노예 상태로 끌려들어 가게 된다.

너는 또다시 묻겠지. 우리를 재산의 소유주로 만드는 이런 현대화 과정이 좋은 건가요, 나쁜 건가요? 그것이 그만큼 애쓸 가치가 있는 건가요? 다음과 같은 질문으로 대답을 대신하겠다. 결코 되돌릴 수 없는 그 과정에 대해 좋은지 나쁜지 평가하려고 애쓸 필요가 있을까? 너도 알다시피 나는 집단을 균등하게 만드는 일보다는 개인을 강화하는 일에 더 높은 가치를 부여한다. 그래서 이미 일어난 일에 대해 슬퍼하는 데 시간을 허비하지는 않겠다.

하지만 이것 하나는 잊지 말도록 하자. 집단적이건 개인적이건,

아니면 이 두 가지의 혼합형이건 간에(마지막의 경우가 대부분이다), 사회에는 항상 재산이 있어 왔다. 이것은 모든 사회가 경제적인 문제를 안고 있음을 뜻한다. 경제는 인간의 욕구를 충족시키기 위해 존재하는 것이 아니다. 동물들도 욕구를 느끼지만, 그렇다고 해서 그들에게 경제가 있는 건 아니니까 말이다. 재산권, 부의 축적, 미래에 대한 준비 같은 것들은 19세기의 스코틀랜드 문필가 토머스 칼라일이 '우울한 학문의 존경할 만한 교수들'이라고 불렀던 경제학자들을 곤란하게 만드는 문제들이다. 경제의 핵심에는 이 우울한 학문 안에서도 가장 우울한 '노동'이 자리 잡고 있다.

너를 잘 아니까 하는 말인데, 인간은 노동을 별로 좋아하지 않는다고 말해도 네게는 전혀 놀라운 일이 아닐 게다. 우리 인간은 활동하기를 좋아하고, 놀기를 좋아하고, 여행을 즐긴다. 반면에 노동은 우리를 성가시게 한다. 하지만 우리 인간은 미래를 예견하고, 미래를 꿈꾸고, 미래를 걱정하는 능력을 가졌고, 이 때문에 태곳적부터 노동을 해 왔다. 미래의 주인이 되기 위해 자발적으로 미래의 노예가 된 셈이지. 우리 인간의 본질은 언제나 이런 식의 역설로 가득 차 있다! 다른 생명체의 삶이 과거의 경험에 의해 규정된다면, 우리 인간의 삶은 미래에 대한 소망과 두려움에 좌우된다. 우리를 이끄는 것은 과거가 아니라 미래다.

유대교의 오래된 신화에 따르면 에덴동산에는 영원한 현재만 있었고 노동은 없었다. 그런데 유감스러운 사건이 발생했다. 최초의 우리 조상이 뱀의 유혹에 넘어가 사과를 따 먹었는데, 이로 인해 '이마에 땀을 흘려야 밥을 먹게 되는' 가혹한 벌을 받게 된 것이다. 그 후로부터 노동은 언제나 벌로 여겨져 왔다. 노동을 뜻하는 라틴어 '트레팔리움trepalium'의 어원은 세 개의 쇠꼬챙이가 달린 고문 기구를 뜻한다. 물론 로마 사람들에게는 노동을 뜻하는 다른 단어도 있었는데, 그 단어의 원래 뜻은 '형벌'이다.

내 친구 중 하나는, 노동이 나쁘고 불쾌한 것이라는 가장 명백한 증거는 노동에 보수가 따른다는 사실이라고 하더구나. 내 생각에는 놀이나 예술 등 즐거운 활동과는 달리 노동은 강요되지 않는다면 결코 하지 않을 일이라는 데 그 차이가 있다. 이른바 미개한 민족들은 하루에 단지 몇 시간만 일을 한다. 그들은 가진 게 별로 없고, 앞으로 닥칠지 모를 재난에 대비하지도 않지만, 그 대신에 빈둥거리면서 이야기를 하거나 놀이를 위한 여가 시간을 많이 누린다. 경제학자들은 이들이 '결핍' 속에서 살아간다고 말한다마는, 그 대신에 그들은 오늘날 가장 귀중한 재산 중 하나로 여겨지는 여가를 충분히 누리고 있지 않니.

문명은 사회적으로 꼭 필요한 노동의 범위를 엄청나게 증가시켰다. 특히 도시의 인구 밀집 지역에는 공공건물, 도로, 육교, 하수도, 생필품 공장과 수공업 단지 등이 필요하다. 상인, 공무원, 서기, 선생, 군인, 그 밖에 헤아릴 수 없이 많은 새로운 일들이 미개하고 조용한 선조들의 삶에 종지부를 찍었다.

물론 세상 어디에도 사람들이 싫어하는 일을 균등하게 분배하는 도시는 없다. 어느 시대나 몇몇 사람들이 무력에 의해서든 설득에 의해서든 수많은 사람들에게 노동을 강요했다.

고대에는 노예가 – 전쟁 포로, 죄수, '열등한 인종'에 속하는 사람 (끔찍한 일이지만 스페인이나 프랑스에는 아직도 '흑인처럼 일한다'는 말이 있다) 등 – 가장 힘든 일을 떠맡았다. 시간이 흐름에 따라 노예 노동이 별로 중요하지 않게 되었는데도 유럽에서는 노예 노동이 19세기까지 계속 유지되었고, 다른 대륙에서는 더 늦게까지 지속되었다. (사우디아라비아에서는 1962년이 되어서야 노예제도가 폐지되었다!)

중세와 근대 초기에는 농노들이 영지를 지닌 영주에게 밭이나 나무와 마찬가지로 일종의 재산처럼 '예속되어' 있었다. 농노들은 영주에게 물품을 제공하고, 전시에는 군인으로 징집되고, 심지어 그들의 약혼한 딸들은 미래의 남편과 첫날밤을 치르기 전에 영주와 잠자리를 해야 할 의무가 있었다.

그런데 (도시의 공기 덕분에 노예 상태에서 벗어난 도시의) 수공업자들은 자신의 가치를 스스로 입증하여 자기 자신의 주인이 될 수 있었다. 대단한 진보임에 분명하다. 그렇게 생각하지 않니? 하지만 이들이 하는 일은 대부분 가내수공업이었기 때문에 아이들은 부모나 가까운 친지의 권력에 복종해야 했다. 이 부모와 친지들은 아이들에게 봉건 시대의 옛 영주보다 더 가혹했다. 너는 나를 때로 '폭군'이라고 부른다마는, 그런 무정한 사업가 아버지들을 겪어 보지 않아서 하는 소리다!

이 시대 전체를 통해 – 고대에서 중세를 거쳐 현대에 이르기까지 – 여자들은 최악의 상황에 놓여 있었다. 여자들은 자신에게 특별

히 맡겨진 집안일 외에도 남자들의 일(농업, 수공업, 제조업 등)까지 해야만
했다. 일반적으로 대부분의 남자들은 다른 한 사람을 위해 일했지만,
여자들은 윗사람뿐만 아니라 남편을 위해서도 힘든 일을 해야 했다.

자본주의 혹은 공산주의, 노동은 즐거워질 수 있을까?

너도 잘 알고 있겠지만, 근대사에서 중요한 의미를 가지는 두 가
지 커다란 혁명(미국의 독립과 프랑스 혁명)이 18세기에 일어났다. 이 두 혁
명은 영지를 소유한 귀족들의 특권을 청산하고, 그리스인이 이루지
못했던 노예 없는 민주주의를 만들어 냈다. 새로운 산업이 출현해서
시민 기업가들이 사회적 권력을 장악했고, 그렇게 현재 우리가 그
안에서 살고 있는 **자본주의** 시대가 시작되었다.

자본주의의 근본이념은 ─우리는 모두 평등하다는 기치 아래─
'더 나은' 다른 사람들이나 공동체 전체의 이익이 아니라, 자신과 가
족의 이익을 추구하는 개인적 이해관계에 기초하고 있다. 각자가 자
신의 이익을 추구함으로써 사회도 전체적으로 부유해졌다. 이익 추
구가 산업 발달의 촉진제라는 사실이 입증된 셈이지. 이익 추구가
새로운 발명을 촉진했고, 그 덕분에 노동이 더 생산적이 되고, 삶이
더 편안해졌다. 생산자들 간의 경쟁으로 인해 생산량이 증가하면서
상품의 가격이 낮아지고 질은 더 높아졌다.

하지만 자본주의는 경제 이외의 다른 분야에서는 그리 큰 장점

을 보여 주지 못했다. 이웃의 고통에 대한 '동정'이나 '연대' 같은 단어들은 자본주의의 사전에서 처음부터 삭제되어 있었다. 이익을 최대로 끌어올리는 것만이 중요했기 때문에 자본주의 기업가들은 노동자들을 쓰러지기 직전까지 혹사하면서도 생존에 필요한 최저생계비만 지불하려 했다. 19세기 초에는 아홉 살이나 열 살짜리 아이들이 방직 공장 등에서 하루 17시간씩 일하는 것이 다반사였다.

영국의 사회개혁가 로버트 오언은 자신의 공장에서 아이들의 노동 시간을 하루에 '고작' 11시간으로 줄이고 나머지 시간에 교육이나 오락 활동을 하도록 했는데, 이 개혁에 사람들은 경악과 불안을 느꼈다. 어른, 아이 할 것 없이 노동자들에게는 가장 기본적인 권리조차도 인정되지 않았다. 공장에 화장실이나 수도 시설을 요구한다거나, 질병을 치료하고 노후에 대한 보장을 요구할 권리 등 위생과 보건을 위한 기본적인 권리조차 인정되지 않았다. 지난 150년 동안의 사회적 투쟁이 없었다면 오늘날의 노동 조건도 과거와 별 차이가 없었으리라는 것을 나는 추호도 의심치 않는다.

'프롤레타리아'라고 불리는 산업 노동자들이 이런 폐해에 맞서자본가들에게 저항하고 혁명적 봉기를 일으킨 것은 필연적인 일이었다. 그들이 내세운 무정부주의적이고 공산주의적이며 사회주의적인 이념은 매우 급진적이었지만, 그들의 근본적인 요구는 산업혁명이 가져 온 부를 공정하게 분배받는 데 있었다. 이를 위해 노동자들은 노조를 결성하여 정치적 요구를 제기하는 방식으로 힘을 과시하려 했다. 그들의 근본적인 의도는 자본주의라는 생산 체제를 파괴하기보다는 부를 좀 더 공정하게 분배하도록 만들려는 데 있었다.

다른 사람들은 이것을 한 단계 더 밀고 나갔다. 그 시대의 가장 중요한 사회이론가 카를 마르크스의 사상을 따르는 사람들은 프롤레타리아 계급이 내전을 통해 지배계급이 되어야 한다고 주장했다. 자본주의적 사유재산제도를 폐지하고 공산주의적 경제 체제를 도입하여, 국가의 지도부가 생산을 계획하고 이윤을 분배하는 책무를 넘겨받아야 한다는 것이다.

하지만 이런 요구를 실천으로 옮긴 나라들(러시아와 중국 등)은 오히려 심각한 재난을 겪게 되었다. 국가 자체가 자본주의적인 초강력 사업주이자 극단적인 폭군이 되어 버렸고 경제적 생산성과 사회적 효율성은 현저히 약화되었다. 18세기의 혁명들을 통해 쟁취한 시민의 자유는 사라지고, 불평등은 여전히 지속되었다. 심지어 과거보다 더 심화되었다고도 할 수 있는데, 왜냐하면 이제는 정치적 불평등까지 추가되었기 때문이다.

예전에는 노동자들이 악덕 기업주에게 해고당하면 다른 경쟁 기업주에게 가서라도 일자리를 찾을 수 있었다. 그런데 권위적인 공산주의 체제 아래에서는 하나밖에 없는 주인에게 복종하지 않으면 일자리를 잃을 뿐만 아니라 자유와 목숨까지 위협받았다. 새로운 지배계급이 된 공산당은 가난이 평준화된 나라 안에서 모든 특권을 누렸고 (어떤 곳에서는 지금도 여전히) 체제의 독재자들이 만든 이데올로기로 사람들을 세뇌했다. 자본주의의 해악을 없애려는 이른바 '해결책'이 어떤 부정적인 결과를 초래했는지에 대해 더 이상 강조할 필요는 없을 것 같구나. 그것이 대부분의 나라에서 어떤 극적인 결말을 맞았는지 너도 이미 목격했을 테니까 말이다. 쿠바나 중국의 전체주의적 해결 책이 어떤 결과를 가져올지는 좀 더 지켜보도록 하자.

그럼에도 마르크스주의 사상과 공산주의 운동이 유럽의 선진국 들에 가져다준 긍정적인 면을 무시하고 싶지는 않다. 그 덕분에 자 본주의 사회는 일련의 필요한 개혁을 단행하여, 사회적인 영역에서 좀 더 인간적이 되었고, 정치적 존엄성을 획득했으며, 경제 체제의 효율성도 증가시켰으니까 말이다.『공산당 선언』에는 별로 쓸모없는 몽상 외에 철도와 통신의 국영화, 누진세, 어린이 노동의 폐지, 무상 교육과 완전고용 등 그 시대로 볼 때 매우 혁신적이고 합리적인 요 구들도 들어 있다. 이런 목표의 대부분은 오늘날 성취되었거나 아직 도 유효하지만, 더 이상 위험하다고 여겨지지는 않는다. 그 밖에도 투쟁적인 공산주의자들이 (그리고 물론 무정부주의자들과 사회주의자들이) 없었 다면, 노동자들에게 매우 중요한 의미를 지니는 노조가 효과적인 힘 을 발휘하지 못했을 것이다.

또다시 역설적인 말을 하나 해야겠다. (세상이 역설적인데 어쩌겠니?) 공 산주의는 자본주의 국가들에 매우 유익했지만, 정작 공산주의 국가 들에는 불행한 결과를 가져다주었다.

게다가 공산주의나 사회주의의 집단주의적 체제와 마찬가지로 오늘날에는 순수한 자유주의도 아무런 희망을 일깨우지 못한다. 가 장 자유로운 국가에서도 의료보험, 퇴직연금, 노동계약, 실업수당, 대중 교육, 공공시설에 대해 국가가 책임지고 보장하는 것은 당연한 일로 여겨지고 있다. 이 모두가 이른바 '복지국가'에 해당하는 요건인데, 그 선구적 예로서 19세기에 비스마르크가 단행한 정치 개혁을 들 수 있다. 이 정치 개혁은 카를 마르크스의 책을 지나치게 많이 읽은 선동적인 노동자들을 만족시키기 위해 이루어졌다.

오늘날 해결되어야 할 가장 어려운 경제 문제 중 하나는 바로 실업 문제다. 기계가 점점 더 완벽해지고 자동화되자 낙천적인 사람들은 커다란 희망에 부풀었다. 이 기계가 가장 힘든 일을 도맡아 하는 새로운 노예가 됨으로써, 이제 사람들은 정치 토론이나 철학에 전념할 수 있으리라고 믿었던 것이다. 고대 그리스인처럼 말이다! 실제로 기계는 수많은 사람들이 해야 할 일을 효율적이고 값싸게 대신해주고 있다. 하지만 이로 인해 사람들은 일자리를 잃게 되어 철학에 전념하기는커녕 구걸을 하거나 정부의 지원을 요구하게 되었다. 이에 따라 완전고용은 많은 정당과 노조의 이상이 되었다.

오늘날 사람들이 마음에 품고 있는 이 이상이 과연 실현될 수 있을까? 임금을 내리지 않고 노동시간을 줄여서 좀 더 많은 사람들이 일할 수 있게 하는 방법은 없을까? 일하는 시간과 쉬는 시간을 바꿔 사람들이 서로 교대로 일하는 노동 형태를 만들어 낼 수는 없을까? 궁극적으로 노동이 생계비를 얻기 위한 유일한 방식이 아닐 수 있도록 사회를 조직할 수는 없을까?

단지 사회집단에 소속되기만 하면 최소한의 생계비를 받게 할 수는 있을 것이다. 흥미롭게도 (또 하나의 역설이다!) '부의 소득세'를 창설하자고 주장한 사람은 신자유주의의 대표적 경제학자인 밀턴 프리드먼이었다. 소득에 비례하여 세금을 내고 소득이 별로 없을 때는 거꾸로 돈을 받는다는 것이 그 골자다. 나는 경제에 대해 잘 알지 못하기 때문에 네게 해결책을 제시할 수는 없다. 문제는 경제에 대해 잘 아는 경제학자들도 수많은 경제 문제들에 대한 해결책은 제시할 줄 모른다는 사실이다.

인구 문제도 환경 문제도 정치를 빼고 이야기할 수 없어!

우리가 살고 있는 이 세상에서 가장 충격적인 사실은 나라들 간의 생활수준에 엄청난 차이가 난다는 점이다. 이런 상황에 대한 가장 일반적인 설명은 부유한 나라가 식민주의와 제국주의 정책을 통해 가난한 나라들을 착취하고 비참하게 만들었기 때문이라는 것이다. 솔직히 말해서 이런 설명은 몇 가지의 답은 줄 수 있지만 지나치게 단순한 해석이다.

과거에는 식민지였지만 지금은 가난하다고 말할 수 없는 나라들이 있다. 미국과 캐나다가 바로 그 대표적인 경우지. 또 과거에는 광대한 제국이었지만 그것이 오늘날 경제적으로 아무런 이점이 되지 못하는 나라들도 있다. 스페인과 포르투갈이 바로 그런 경우다! 한국이나 대만 같은 극동의 국가들은 자본주의 다국적 기업들과 무역을 하지만, 그로 인해 파산하기는커녕 오히려 그 반대로 경제 대국으로 발돋움하고 있다. 자연 자원의 부족도 모든 것을 설명해 주지는 못한다. 브라질과 아르헨티나, 아랍의 산유국들은 자연 자원이 넘쳐 나지만….

아프리카나 라틴아메리카의 많은 나라들이 경제적으로 뒤처진데에는 많은 복잡한 이유가 있다. 우선 명백히 반민주적이거나 충분히 민주적이지 못한 정치 구조가 정부의 통제와 시민사회의 기능을 방해하고 있기 때문이다. 여기에 교육 체제의 결함도 덧붙일 수 있다. 이로 인해 유능한 전문가가 양성되지 못하고, 상식을 벗어난 정치적·종교적 교리가 확산되고 있는데, 이렇게 되면 권리 신장이나 현대적인 사회제도 역시 기대할 수 없다. 특히 교육에서 여성들이 겪고 있는 불평등도 심각한 문제다. 여자들이 좀 더 나은 교육을 받고 직업적으로 평등한 권리를 누리게 되면, 자연히 출산율도 감소할 테니까 말이다.

이제 여기서 우리는 가장 중요한 지점에, 아마도 현재 우리가 직면해 있는 문제들 중에서도 가장 중요한 문제에 이른 것 같다. 엄청난 인구 증가 말이다. 지금 이 지구상에는 75억 명의 인구가 살고 있다. 반세기가 지나지 않아 100억 명이 될 거라고 한다! 인구 과밀 현상은 대부분 경제 후진국에서 나타나는데, 이것이 국가 발전에도 영향을 미친다. 신중한 출산 정책에 의거한 인구 균형을 이루지 못하고 있는 수많은 저개발국에서는 결국 기아나 영아 살해라는 잔혹한 방법으로 인간적 이성의 결핍에 대한 '균형'을 맞추고 있다.

서구 여러 나라에서는 제3세계의 모든 불행이 선진국이 저지른 잘못 때문이라고 주장하는 소리를 자주 들을 수 있다. 특히 개발도

상국에는 이런 견해가 당연히 더 널리 퍼져 있다. 모든 잘못을 외부의 탓으로 돌리면 책임을 회피할 수 있고, 또 해결책을 찾아야 한다는 의무감에서 벗어날 수 있으니까 말이다. 물론 약하고, 정보에 어둡고, 쉽게 매수되는 사람들을 식민주의 세력이 착취하고 있음은 부인할 수 없다.

그럼에도 나는 많은 나라들이 겪고 있는 참혹한 후진성의 원인을 외부나 과거보다는 **그 나라 자체와 현재**에서 찾아야 한다고 확신한다. 물론 부유한 나라들이 후진국들을 힘닿는 한 원조해야 한다는 주장은 절박하고, 정당하고, 사리에 맞다. 그러나 경제 원조 이외에 필요하다면 민주적 개혁과 인권 존중도 아울러 요구해야 한다. 이는 어떤 방식으로든 그 나라의 내정에도 어느 정도 간섭해야 함을 뜻한다. 이것이 가혹하게 들릴 수 있음을 나도 알고 있다. 하지만 '국가의 주권'과 '독립국가'라는 허울 좋은 평계 아래 권위적 체제가 시민들을 억압하고, 이들에게 가난과 후진성을 강요하고 있다는 의심을 나로서는 떨쳐 버릴 수가 없다.

언젠가 네가 내게 제기했던 반론이 생각나는구나. 만약 가까운 미래에 개발도상국들이 선진국 수준에 도달하게 된다면, 공업 기술의 발달과 소비의 증가로 인해 이미 심각하게 위협받고 있는 우리 지구의 환경이 회복할 수 없을 정도로 파괴되지는 않을까? 따라서 기술과 소비에 대한 우리의 욕구를, 아직까지 이를 성취하지 못한 나라에까지 확장할 것이 아니라 오히려 제한해야 하지 않을까? 이렇게 해서 우리는 환경 문제에까지 이르게 되었다. 이 장을 끝내기 전에 이 문제에 대해 몇 마디 이야기해야겠다. 젊은이들이 가장 많은 관심을 보이는 정치적인 문제니까 말이다. 우선 '환경보호'와 '생태주의'를 구별하는 것으로 이야기를 시작하겠다. 생태주의를 나는 다른 곳에서 '환경숭배론'이라고 말한 적이 있다.

환경보호는 종교가 아니다

환경보호는 (오존층, 아마존 밀림지대, 바다와 숲, 동물 등) 어떤 특정한 자연자원의 파괴와 생물의 멸종을 걱정하는 일이다. 자연자원이 파괴되면 인간의 삶이 빈곤해지고 심각한 위협을 받을 수도 있기 때문이다. 그러니까 환경보호주의자들은 우리가 자연환경을 염려해야 한다고 주장한다. 자연환경이 회복 불가능할 정도로 파괴되면, 우리가 더 이상 살아갈 수 없고, 행복한 삶을 누릴 수도 없으니까 말이다. 네가 추측하는 대로 나는 이러한 생각에 전적으로 찬성한다.

반면에 '환경숭배자'들의 자연 사랑은, 근대의 휴머니즘 전통이 이루어낸 것에 대한 증오를 토대로 하고 있다. 그들의 주장에 따르면 인간은 지구상의 많은 생물 중 하나에 불과하며, 인간에게는 아무런 특권이 없고, 인간의 문화적이고 기술적인 이해관계가 지구상에 살고 있는 다른 생명체의 생물학적 이해관계보다 우선되어서도 안 된다. 인간의 권리가 다른 동물이나 식물의 권리보다 더 중요할 것이 없다! (바로 인간들 자신을 위해서!) ─ 이것이 그들의 외침이다.

솔직히 말해 내게는 이런 입장이 좋게 보아 엉뚱하고, 나쁘게 보면 매우 수상쩍게 여겨진다. 이른바 '극단적 환경보호주의'를 - 나는 이것을 '생태주의'라고 부른다 - 대표하는 사람들이 신나치주의 단체나 극우 단체와 밀접한 관련이 있다는 사실을 알고 있는지 모르겠다. 동물보호법과 대지보호법을 처음으로 공포한 사람은 1930년대 독일의 유명한 채식주의자이고 담배 혐오가였던 아돌프 히틀러라는 사실을 잊지 말기 바란다.

요컨대 우리 인간은 '자연'을 파괴할 수도, 손상할 수도 없다. 오히려 자연이야말로 수많은 재해를 가해 우리를 파멸시킨다. 우리가 이 작은 지구를 산산조각 낸다 해도, 자연은 변함없이 제 길을 계속 간다. 폭탄이건, 독가스건, 독극물이건 간에 그 어떤 것도 엽록소의 작용이나 북극광의 생성과 똑같은 지극히 자연적인 이유로 폭발하고 질식시키고 오염시킬 뿐이다. 물론 인간이 잔인한 짓을 계속하면, 우리의 자연을 파괴할 수는 있을 것이다. 하지만 자연 자체를 파괴할 수는 없다. 우리는 우리 지구를 파괴함으로써, 우리 자신을 함께 파괴할 수는 있지만, 은하계나 우주 전체를 파괴할 수는 없다.

인간은 자연 속에서 인간의 상황을 개선하기 위해 인위적인 환경(문화, 문명)을 만드는 데 많은 노력을 바쳐왔다. 우리 인간은 자신이 언젠가는 죽을 수밖에 없다는 사실을 알고 있고, 또 자신의 삶이 삼라만상 안에서 끊임없이 반복되는 하나의 파도에 불과한 것이 아니라, 유일무이한 모험이라고 생각하는 유일한 존재다.

어떤 의미에서는 우리가 자연에 가하는 이른바 '공격'이라는 것도 실제로는 공격이 아니라 정당방위인 셈이다. 더구나 이것은 적어도 신석기 시대 이래로 계속 실행되어왔다. 농업은 부분적으로나마 자연이 우리에게 봉사하도록 만든, 최초의 과감한 인위적 시도였다. (자연에 입힌 파괴적 결과로 말하자면, 불을 질러 땅을 개간한 원시 농업이야말로 현대의 그 어떤 산업보다도 자연에 더 많은 해를 입혔다.)

환경문제에 가장 많은 관심을 쏟고, 또 환경보호에 많은 돈을 쏟아 붓는 나라는 바로 선진국들이다. 물리적 힘보다 정신의 힘(정보)에 더 역점을 두는 새로운 기술은, 오염을 초래하는 과거의 산업과 결별하는 청신호인지도 모른다. 아무튼 고도로 발달된 기술의 도움이 없다면, 지금 지구상에 살고 있는 75억 명의 인간이 기본적인 삶을 유지하는 것도 불가능하다. 내가 알기로 몇몇 생태주의자들은 지구상의 최적의 인구가 5억 명이라고 주장한다. 하지만 이들도 동물과 식물이 인간에게 분노하는 것을 막기 위해, 이 숫자를 넘는 인구를 모두 죽여야 한다고 제안하지는 않으리라고 나는 믿는다. 다른 많은 문제들처럼 오직 효율적인 국제기구만이 지구 차원에서 자연환경을 보호하기에 적합한 조치를 취할 수 있다.

내가 걱정하는 것은 '정치에 무관심한' 젊은이들이 너무나 쉽게 생태주의에 빠져든다는 사실이다. 과장이 심할수록 그만큼 더 잘 유혹당한다. 물론 오늘날 환경 문제를 진지하게 고려하지 않고 국제정치를 논할 수 없다는 데에는 나도 전적으로 동감한다. 하지만 나는 그 이상은 바라지 않는다. 급진적인 생태주의가 많은 사람들에게 종교의 역할을 대신하고 있는 것은 (혹은 종교의 일부분이 되고 있는 것은) 사실이지만, 이것이 인위적이고 인간 중심적이며 따라서 어느 정도 비종교적인 활동인 정치를 대신할 수는 없다.

경제에 대해서는 충분히 이야기한 것 같다. 다음 장에서는 인간을 괴롭혀 온 가장 오래되고 가장 끔찍한 망령, 즉 전쟁이라는 현상에 대해서 이야기하겠다. 프로이센의 장군이자 군사이론가인 클라우제비츠는 전쟁에 대해서 다음과 같이 말한 바 있다. "전쟁이란 다른 수단을 사용하여 정치를 계속하는 것이다."

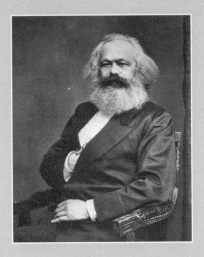

카를 마르크스

부르주아 계급의 성장, 교역의 자유, 세계시장, 균일한 산업 제품의 대량 생산, 그리고 이로 인해 초래된 생활 조건의 변화를 통해 민족적 구분이나 국민들 간의 적대 관계는 점점 사라지고 있다.

프롤레타리아의 지배는 이러한 구분과 적대 관계를 더욱 사라지게 만들 것이다. 적어도 문명국들에서는 공동의 행동이 해방을 위한 기본 조건 중의 하나가 되었다. 인간에 의한 인간의 착취를 폐지하면, 한 민족에 의한 다른 민족의 착취도 폐지될 것이다.

_카를 마르크스, 프리드리히 엥겔스, 『공산당 선언』

한 뙈기의 땅에 울타리를 친 후, "이건 내 거야!"라고 감히 말하면 순진한 사람들이 자기 말을 믿어 주리라고 여긴 최초의 사람들이 바로 시민사회의 창시자들이었다. 그때 만일 어떤 사람이 나타나 말뚝을 뽑아 버리고 땅을 엎어 버린 후, 주위 사람들에게 이렇게 외쳤다면 인류는 얼마나 많은 죄악과 전쟁과 살인과 비참함과 공포를 면할 수 있었겠는가? "이 사기꾼의 말을 절대 믿지 마시오. 열매는 모든 사람의 것이고 땅은 그 누구의 소유도 아니라는 사실을 잊는다면 당신들은 큰 손실을 입게 될 것입니다."

_장 자크 루소, 『인간 불평등 기원론』

문화가 생겨나기 시작했을 때 인간들의 생활을 관찰한 사람이 있었다면, 인류는 성과 연령에 따른 특수한 차이 외에는 뿌리 뽑을 수 없는 평등주의적 성향을 지녔다고 쉽게 결론지었을 것이다. 훗날 인류가 귀족과 평민, 주인과 노예, 백만장자와 거지로 나뉘게 된 것은 당시 지구상의 모든 인간 사회에서 나타났던 상황에 비추어 볼 때 인간의 본성에 완전히 어긋나는 일이다.

_마빈 해리스, 『우리 인류』

더 이상 물건의 가치가 그것을 만들어 낸 사람이나, 그것을 소유한 사람의 삶을 위한 척도가 아니게 되었다. 돈이 물건을 대신하게 된 것이다. 그 덕분에 더 많은 상품이 멀리 떨어진 곳에서까지 거래되었고, 부가 과거보다 더 나은 조건 아래에서 창출되었다. 물건을 거래하는 사람의 생명이 위험에 처하는 일 없이, 상품의 유통이 가능해졌다.

돈(시장 혹은 자본주의라는 이름으로도 알려져 있고, 서로 분리할 수 없게 상호
연관된 개념들을 나타내는 모든 명칭)은 폭력을 조정하는 완전히 새로운
수단으로 자리 잡게 되었다. 이것이 성자와 강자들이 지배한 구질
서보다 훨씬 더 우월하기 때문이다.

_자크 아탈리, 『수평선』

우리가 저녁 식사를 할 수 있는 것은, 푸줏간 주인이나 양조장 주인
이나 빵집 주인의 호의 때문이 아니라 바로 그들의 이해관계 때문
이다. 우리는 그들의 인간성이 아니라 그들의 이기주의에 호소하는
것이다.

_애덤 스미스, 『국부론』

환경보호운동은 세계를 설명하는 보편적인 체계가 아니라 본질적
으로 실용적인 행동 양식이다. 환경보호운동은 결정권을 지닌 기관
에 저항하고 사안별로 협력함으로써, 일상화된 기술적·경제적 태
도를 점차 개혁하고, 산업국가의 생활수준을 점진적으로 개선하며,
제3세계의 억압과 불의를 끈기 있게 제거하는 것을 목적으로 한다.
어떤 사람들은 환경운동에 이론적, 실천적으로 더 커다란 과제를
부여한다. 환경보호운동은 옛 사고방식과 새로운 사고방식 사이의
유동적인 경계선 위에 자리 잡고 있기 때문에, 점점 더 복잡해지는
인간과 자연 사이의 관계를 고려하게 하여 인류로 하여금 과학과
경제와 기술에 대한 과도한 믿음에서 벗어나게 해 준다. 환경보호

운동은 과거로부터, 과거의 잘잘못 모두로부터 교훈을 이끌어 냄으로써 무한한 진보라는 신화에 종지부를 찍으면서도, 그로 인해 이상주의나 무능력에 빠지지 않는다.

과학적이고 동시에 능동적이며 인간적인 환경보호운동은 자연에 대한 존중과 인위적인 것을 만들어 내야 하는 인간의 필요를 서로 결합함으로써, 과학자나 결정권자나 시민들에게 자연과 인간에 대한 새로운 의식과 행동 양식을 심어 준다. 한마디로 환경보호운동은 미래의 휴머니즘을 구현한다.

_프랑스의 사회학자 피에르 알팡데리, 피에르 비통,
환경전문가 이브 뒤퐁, 『환경보호운동의 애매성』

7

전쟁 없는
인류의 미래

'진정으로' 인간적인 역사가 되려면

　모든 책임은 질소에 있다. 폭탄 제조에 질소가 사용되기 때문이 아니라 생명에 질소가 필수 불가결하기 때문이다. 식물은 광합성이라고 하는 교묘한 체계를 만들어 냄으로써 아무에게도 해를 입히지 않고 질소를 세포에 결합한다. 반면 동물은 식물 속에 이미 만들어져 있는 질소를 섭취함으로써 복잡한 과정을 거치지 않고 시간을 절약한다. 물론 이것은 초식동물에게만 해당되는 것이다. 육식동물은 더 빠른 길을 택했다. 이들은 초식동물을 잡아먹음으로써, 샐러드를 먹지 않고도 세포에 필요한 질소를 얻는다.

　그리고 우리 인간은 식물, 초식동물, 육식동물을 가리지 않고 먹는다. 인간에게는 이 모든 게 다 유익하다. 이 세상에서 '모든 것이 유익하다'를 좌우명으로 삼는 존재는 인간뿐이다. 처음부터 인간은 이성을 가진 존재이다. 인간을 동물로부터 구분해 주는 여러 가지 특징 중 하나가 바로 이성이다. 따라서 '모든 것이 유익하다'라는 좌우명은 인간의 자연적 본성이라고 할 수 있다. 한 가지 잊은 사실이 있다. 이 좌우명에는 인간이 서로를 잡아먹는 일도 포함된다. 결국 '모든 것이 유익하다'라는 말은 그야말로 '모든 것'을 의미한다. 한마디로 인간은 알려진 모든 맹수들 중에서도 가장 완전무결한 포식자라고 할 수 있다.

이처럼 잔혹한 존재 방식의 책임은 (훌륭한 자연과학자라면 이런 표현을 쓰지 않겠지만, 여기에 '책임'이라는 말을 써도 좋다면) – 앞서 말했듯이 – 순전히 질소에 있다. 이처럼 많은 궁리와 어려움을 거치지 않고 식물처럼 질소가 세포에 스스로 결합하게 만드는 방법은 없을까?

우리가 현재의 위치에 도달하게 된 것, 다시 말해 지난 수천 년 동안 지구상의 동물 순위에서 계속 1위를 차지하고 있는 이유는 바로 이 '모든 것이 유익하다' 덕분이다. 인간은 이 좌우명을 계속해서 더 세련되게 다듬어 첨단 수준으로 끌어올려 왔다. 힘을 하나로 결집하기 위해서는 '모든 것이 유익하지는 않다'는 생각을 받아들이는 일이 때로는 더 나을 수도 있다고 우리는 아주 오래 전부터 판단했다. '모든 것이 유익하다'는 좌우명이 제한적으로만 유효하다는 사실을 배우는 것이야말로 그것으로부터 유익함을 이끌어 내는 최선의 방법임이 입증된 셈이다.

이를 통해 식인 풍습이라든가 무분별한 살인 행위 등이 줄어들었다. 오늘날 식인 풍습이나 학살 행위를 '비인간적'이라고 말하는 사람들은 선량한 사람이라기보다는 인류가 오랜 세월에 걸쳐 바로 그런 방법을 통해 생존해 왔다는 사실을 잊고 있는 건망증이 심한 사람일 뿐이다. 또 전쟁은 비인간적인 관습이라고 감동적인 목소리로 주장하는 사람도, 인류의 역사가 무엇보다도 전쟁의 역사라는 사실을 모르는 체하는 (아니면 우리의 오랜 선조들이 카이사르나 나폴레옹보다 더 호전적이라고 생각하는) 위선적인 사람일 뿐이다.

이렇게 말하는 사람들은 바로 직전까지만 해도 역사가 존재하지 않았고, 그들이 주장하는 바로 이 순간에 역사가 시작된다고 생각하고 있음에 틀림없다. 이런 태도를 보면 여자를 유혹할 때마다 "지금까지 나는 진정한 사랑이 무엇인지 알지 못했소"라고 말하는 바람둥이가 생각난다. 이제 인간의 역사가 '진정으로' 인간적인 역사가 되려면 얼마 전까지만 해도 바람직한 미덕이라고 여겼던 특정한 행동 양식들(식인 풍습, 화형, 고문, 전쟁)을 단호히 배격해야 한다.

하지만 오늘날 우리에게 혐오감을 주는 그런 관습이 없었다면 인류가 현재와 같은 모습에 이르지 못했으리라는 사실도 솔직하게 인정해야 한다. 심지어 그런 관습이 없었다면 인류가 더 이상 존재하지 못했을지도 모른다. 적어도 어떤 사람들은 그것을 유감스럽게 생각했을 것이다.

전쟁은 언제나 나쁜 것!

전쟁의 문제에 초점을 맞추기로 하자. 우선 『국제관계에 관한 세계백과사전』과 국제연합의 통계에서 찾아낸 몇 가지 놀라운 자료를 제시하겠다. 너무 멀리 가지 않고, 지난 5,500년의 역사만 돌아보아도 그동안 14만 513회의 전쟁이 일어났고, 12억 4,000만 명의 목숨이 희생되었다. 이 기간에 평화가 유지되었던 기간은 겨우 292년밖에 되지 않는다. (물론 이 기간 동안에도 소규모의 전쟁들은 일어났다.) 과연 전쟁이 아득한 옛날의 일이라고 말할 수 있을까? 20세기를 돌아보자. 두 차례의 세계 대전, 러시아 혁명, 중국 혁명, 스페인 내전 등의 전쟁이 있었다.

위에서 언급한 백과사전에 따르면, 비교적 평온한 시대였던 1960년에서 1982년까지의 기간에만도 65건의 무력 충돌이 있었다. 이것도 사망자 수가 1,000명이 넘는 전쟁만 계산한 것이다! 이 전쟁에서 피해를 입은 나라는 49개국이나 되고, 희생자 수도 1,100만 명에 이른다. 여기에 이란과 이라크 사이의 전쟁, 걸프 전쟁, 소말리아와 아프가니스탄 내전, 유고슬라비아 내전 등을 추가할 수 있을 것이다. 그리고 여전히 이루 헤아릴 수 없이 많은 전쟁이 일어나고 있다. 비록 사람들이 가장 증오하는 대상이기는 하지만 오늘날에도 여전히 전쟁은 인간 사회와 떼어 놓을 수 없는 동반자라는 사실을 확인하기 위해 더 많은 숫자를 늘어놓을 필요는 없으리라고 생각한다.

전쟁은 언제나 영광스럽고 위대한 일인 동시에 비극과 고통의

✤ ― 불행하게도 이 세계는 여전히 핵무기 격납고로 가득 차 있다. '냉전'은 끝났지만 언제든 '열전'이 가능하게 되었다.

근원으로 생각되어 왔다. 시인들은 전쟁을 찬양하고 또 한탄했다. 신을 믿는 사람들은 전쟁을 신이 내린 벌이나 신에 대한 숭배를 증명하는 의무로 여겼다. (신이 '만군의 주님'으로 일컬어진다는 사실을 잊지 말기 바란다.) 지배자들은 흔히 자신을 평화의 사도라고 선언하지만, 전쟁을 회피하기보다는 전쟁의 승자로 역사에 남기를 원한다.

상인의 경우에도 태도는 두 가지로 나타난다. 전쟁은 정상적인 교역 활동의 파괴와 종말을 의미하기도 하지만, 다른 한편으로는 단기간에 큰돈을 벌 수 있는 절호의 기회이기도 하다. 이 모든 명백한 모순은 아주 간단하게 설명할 수 있다. 집단의 관점에서 보면, 전쟁은 늘 '좋은' 것이다. 전쟁이 일어나면 인간 공동체의 결속이 강화되고, 규율을 따르게 되고, 엘리트 집단이 새로이 배출되고, 집단에 대한 무조건적인 소속감이 생겨나고, 영토나 영향력이 확장되고, 모든 분야에서 공적인 일의 중요성이 강조되기 때문이다.

반면에 너나 나 같은 평범한 개인의 처지에서 보면, 전쟁은 언제나 '나쁜' 것이다. 생명을 위태롭게 만들고, 두려움과 고통을 야기하고, 사랑하는 사람을 떠나보내거나 영원히 앗아 가고, 개인적인 아기자기한 일들을 돌보지 못하게 하고, 몸과 마음을 다해 집단에 전념하도록 만들기 때문이다.

개인의 관점에서 볼 때 전쟁의 유일한 이점은 ─ 이것은 결코 경멸할 만한 일이 아니다 ─ 권태와 일상의 습관적 행동에 종지부를 찍을 수 있다는 것이다. 전쟁과 함께 마침내 사건이 벌어진다! 존 던 John Donne이라는 시인은 교수대로 향하는 수레 위에서는 아무도 잠들지 않는다고 말한 바 있다. 전쟁 중에 지루해서 하품하는 일은 없을 것이다. (내가 보기에 전쟁 중에 자살하는 사람의 숫자가 현저히 줄어드는 이유도 그 때문인 것 같다. 자살은 흔히 권태에서 비롯되니까 말이다.)

사회가 점점 더 개인주의적이 되고 그 구성원들이 점점 더 이기적이 됨에 따라, 다시 말해 개개인이 자신의 재산과 일상적인 기쁨을 누리는 등의 ─ 과거 소수 사람들에게만 해당되었던 ─ 일이 점점 더 널리 확산됨에 따라 전쟁의 매력은 축소되었다. 몇몇 덜떨어진 사람들은 여전히 먼 나라에서 벌어지는 전쟁 소식이나 전쟁의 이념에 열광하기도 하지만 자신의 집 바로 옆에 폭탄이 떨어지거나 아들이 군대에 징집되면 금세 열정적인 애국심을 모두 잃고 만다. 자신과 자신의 가족이 곤란한 상황에 처하는 것을 결코 원하지 않기 때문이다. 이는 그들에게 평화가 가장 큰 가치여서가 아니라 (모든 것이 잘 돌아가면 사람들은 권태를 느끼고 불평을 늘어놓기 시작하니까 말이다) 남들이 자신을 평화롭게 내버려 두기를 바라기 때문이다.

전쟁 열기가 아직도 남아 있는 곳은 후진적이고, 가난하고, 정보에 어두워서 종교나 이념에 의거한 집단적 광기에 노출되어 있는 나라, 살인적인 부족 경쟁의 질병을 앓고 있는 나라들뿐이다. 노동자계급이 많은 성취를 이루어 사회에 확고히 뿌리를 내린 선진 사회에서는 과거에 비참한 현실을 잊게 해 주는 거창한 오락의 역할을 하던 혁명이나 내전에 대한 관심이 사라진 지 오래다.

무기 상인, 특수한 군수산업 분야의 대투자자, 직업군인 (또는 이런 일에 종사하지 않으면서도 군사적 소명감을 느끼는 사람들이 가장 문제가 많은 사람들이다!) 등을 제외하고 이제 전쟁을 부추기는 태도는 국민의 참된 지지를 얻지 못한다. 과거 일반 국민들을 쉽게 감염시켰던 호전성에 대한 면역 능력이 생겨난 것이다.

오직 극단적인 민족주의만이 – 이것은 현대의 개인주의와 여러 가지로 상통하는 점을 지니고 있는 정신적 집단주의로서 개인주의를 집단의 형태로 추구하는 수치스러운 개인주의라고 할 수 있다 – 오늘날의 상황에서도 기꺼이 살인과 자살을 감행하려 하는 어리석은 사람들에게 계속해서 아드레날린을 주입하고 있다.

너는 아마 내게 이렇게 말하고 싶을 것이다. "대부분의 사람들이 전쟁에 관심이 없는데, 우리는 왜 아직도 군대, 전투기, 탱크, 핵탄두를 장착한 미사일에 계속해서 엄청난 돈을 쏟아붓는 거죠? 이제 전쟁을 종식시켜야 할 때가 오지 않았나요?" 네 말이 전적으로 옳다. 전쟁에 대해 한탄하고 욕설을 퍼붓는 일은 할 만큼 했으니, 이제 중요한 것은 전쟁을 종식시키는 일이다.

세계를 양분한 두 핵 강대국이 수십 년 동안 유지해 온 이른바 '공포의 균형'은 평화라기보다는 일시적인 전쟁의 동결 상태였다. 이로 인해 우리는 지구상의 모든 생명이 소멸될 수도 있다는 끊임없는 위협을 받아가면서 첨단 군사 기술 개발에 막대한 비용을 쏟아붓는 값비싼 대가를 치러야 했다. 게다가 광기에 사로잡힌 이 두 세력 사이의 허울 좋은 '균형' 아래에서도 여전히 수많은 전쟁들, 예를 들어 베트남 전쟁, 1968년에 있었던 소련의 체코슬로바키아 침공, 1973년 칠레의 군사 쿠데타가 자행한 최악의 탄압 등 더없이 끔찍한 일들이 벌어졌다.

이른바 '중립국'들은 최고 입찰자에게 중립성을 팔아 버렸고, 동맹을 맺은 국가들은 핵무기를 가진 지배 세력에 굴복했으며, 군소 열강들도 손에 핵무기를 쥐게 되는 등 위협은 한순간도 감소하지 않았다. 최악의 독재자들마저도 반공만 내세우면 미국 정부로부터 용인되거나 심지어 지지를 얻었고, 마찬가지로 반대 진영의 독재자들도 미국의 제국주의만 공격하면 소련으로부터 인정과 지지를 받았다. 그것은 두 초강대국의 이해관계와 계산(혹은 오산)에 의해 제어되고, 파괴적 긴장이 지배하던 통제된 전쟁의 시기였다.

이 공포의 균형은 소련의 이른바 공산주의 체제가 붕괴되면서 깨지고 말았다. 인터내셔널(국제노동자연맹)이 약속했던 '최후의 투쟁'

178

대신에 전체주의 체제의 '최후의 붕괴'를 경험한 것은 많은 사람들에게 놀라운 사건이었다.

하지만 이것이 핵무기에 의한 대량 파괴의 위협을 종식시키지는 못했다. 불행하게도 세계는 여전히 핵무기 격납고로 가득 차 있다. '냉전'은 끝났지만 언제든 '열전'이 가능하게 되었다.

인류의 전쟁에 종말을 고할 수 있을까?

오늘날 전쟁에 반대하기 위해서는 이러한 새로운 상황을 고려해야 한다. 그렇지 않으면 반전운동은 자기만족적인 제스처에 그치고 말 것이다. 영구 평화를 꿈꾸기 위해서는 무엇보다도 현실을 정확히 파악해야만 한다.

반전론자들, 즉 무력을 빌리지 않고 갈등을 해결하려는 사람들은 대략 두 가지 유형으로 분류될 수 있다. 내가 여기서 말하는 두 유형의 반전론자들은 최소한의 정치적, 지적 온당함을 갖춘 사람들에 한한다. 적군에게만 '평화주의자'이고 자신들의 군대는 정당하고 심지어 영웅적이라고까지 생각하는 사람들에 대해 나는 아무 관심이 없다. 이런 악당들이 실제로 원하는 것은 평화가 아니라 전쟁이 가져다 주는 이득이다.

하지만 이들 때문에 모든 반전운동이 악평을 듣게 된다면, 그것 또한 공정치 못한 일이다. 반전운동에는 더 나은 미래를 약속하는 많은 의미 있는 유형들이 많으니까 말이다. 모든 온당한 정치를 반군국주의로 축소할 수는 없지만, 반군국주의 없이는 온당한 정치도 있을 수 없다.

반전론자의 두 유형 중 첫 번째는 이 단어의 가장 급진적이고 참된 의미에서의 평화주의자들이다. 이들은 탐욕과 오만에서 비롯되는 전쟁은 결코 정당화될 수 없다고 주장한다. 침략전쟁이나 정복전쟁과는 다른 좀 더 정당한 명분이 있다고 할지라도 ─ 예를 들어 자신의 국가나 국제법을 지키는 것 ─ 악과 싸우기 위해 폭력과 무력을 사용하는 행위는 결국 일종의 악이라고 생각한다. 한마디로 어떤 사회적, 정치적 가치도 이웃의 생명을 빼앗는 행위를 정당화할 수는 없다는 것이다. 그 이웃이 아무리 달갑지 않고 위험하다고 할지라도 말이다.

이런 존경할 만한 견해는 정치적이라기보다는 종교적이라고 봐야 한다. 그런 견해를 주장하는 사람들이 실제로는 어떤 종교 조직과도 관련이 없다 할지라도 말이다. 이런 태도를 모순 없이 일관되게 고수하는 일은 매우 어렵다. 왜냐하면 그들이 꿈꾸는 사회가 먼 과거의 순수한 공동체를 그 본보기로 삼고 있기 때문이다. 이런 사회는 무질서에 대항할 합법적인 수단이 의로운 사람의 비난 이외에는 아무것도 없는 박애의 공동체일 수밖에 없다.

그런데 사실은 군대와 마찬가지로 경찰에도 폭력이 존재한다. 또 저축을 하고, 투자를 하고, 자신의 재산을 지키려 애쓰는 일반적인 사람들에게도 고리대금업자와 마찬가지로 탐욕은 존재한다.

그래서 일정 기간에 – 아주 짧은 기간에 – 이런 의미에서의 평화주의자였던 초기 기독교도들은 로마제국을 방어하기 위해 무기를 손에 드는 일을 거부했을 뿐만 아니라 자신들의 권리를 옹호하기 위해 소송을 제기하는 일도 거부했다. 그 밖에 당시의 도시 총독에게 보호를 요청하거나 빌려준 돈에 이자를 요구하는 일, 사업에 투자하는 일도 모두 거부했다. 또 범법자를 처벌하고 개인의 재산을 지켜주는 국가의 공권력에 근거를 둔 공공 제도를 거부했다. 한마디로 경우에 따라서는 그들에게 유익할 수도 있는 모든 공공 제도를 거부한 셈이다.

그런데 문제는 이처럼 성스럽게 행동하려면 인간의 진정한 왕국이 이 세상에 속하지 않음을 철저하게 확신해야만 한다는 것이다. 평화주의의 신념을 극단에 이르기까지 실천하기를 포기하고 지상에서 통용되는 질서와 세속적인 타협을 하게 되면, 본래의 의도와는 정반대의 왜곡된 결과를 초래하게 된다.

내 생각에 이런 평화주의는 결국 세상에 무수히 많은, 일종의 자기 확인에 머물고 만다. 즉 이런 평화주의는 그것을 설교하는 사람들로 하여금 자신을 둘러싸고 있는 세상보다 자신이 더 훌륭하다고 생각하게 만드는 데 도움을 줄 뿐이다. (법정에서 검사가 자신을 피고인보다 더 훌륭하다고 생각하는 것처럼 말이다.) 하지만 이런 평화주의는 이 세상을 개선하는 데 거의, 혹은 전혀 도움을 주지 못한다. 너도 알다시피, 내가 성인聖人과는 거리가 멀기 때문에 이런 생각을 하는 것일지도 모르겠지만 말이다.

두 번째 유형은 내가 반군국주의라고 부르는 것이다. 여기서 중요한 점은 종교적이 아닌 정치적인 태도다. 반군국주의는 무력을 절대적인 악으로 생각하지 않는다. 물론 이것을 명백하고 심각한 악이라고 여기기는 하지만, 이것이 유일한 악이라거나 모든 악 중에서 가장 나쁜 악이라고 생각하지는 않는다.

반군국주의자들은 국가가 군대를 조직하여 폭력을 제도화하는 것이 정치적인 개혁과 개선 가능성을 위협한다고 생각한다. 다시 말해 위계질서와 애국의 상징체계에 매달리는 대신에, 개인적 자유의 보편화, 인권 존중, 민주주의와 교육의 확대, 사회적 창의력 촉진, 후진국을 위한 경제 원조 등의 정치적 가능성을 실현하는 것이 이들의 목표라고 할 수 있다.

비판 정신이 아니라 규율을 옹호하고, 개성의 차이가 아니라 획일성을 추구하는 군국주의적 사고방식은 내가 좋아하는 민주주의 정신과는 양립할 수 없다. 게다가 점점 더 늘어만 가는 군사비 지출은 저개발국의 성장을 가로막고, 선진국이 이 국가들을 원조하는 데에도 장애가 된다. 그렇지만 군대가 많은 문제점을 가지고 있다고 해서 군대를 즉시 폐지하자는 제안은 비합리적인 요구다.

반군국주의가 출발점으로 삼고 있는 근본 원칙은 다음과 같다. 어떤 정치제도도 – 전쟁과 군대 등의 – 현재보다 더 유력하고 만족스러운 다른 제도로 교체할 수 없는 한 폐지할 수 없다. 씨족이나 부족 또는 개인 간의 폭력은 자국의 영토 안에서 폭력 독점권을 행사하는 국가라는 정치제도에 의해서 제한되기에 이르렀다. 그런데 이제는 국가들이 과거에 부족이나 씨족들이 국가 권력에 복속되기 이전에 그랬던 것처럼 무제한의 대치 상태에 놓여 있다. 따라서 초국가적 권력을 수립하여 국가들이 서로 무력 사용을 포기하게 해야만 지금까지 인류가 겪어 온 전쟁 시대에 종말을 고할 수 있다.

아직은 가능성이 별로 없어 보이지만 그래도 과거보다는, 예를 들어 '공포의 균형'이 자리 잡았던 시대보다는 실현 가능성이 있어 보인다. 이에 따라 반군국주의는 다음과 같은 해결책을 촉진하는 데 도움이 되는 모든 정책을 지지한다.

- 의무병역제를 폐지하고 방어를 원칙으로 하는 소규모의 직업군대로 재편성할 것. 직업군대제도는 '조국의 척추' 등과 같은 위험하고 호전적인 군대 개념을 종식시키고 군대 역시 경찰이나 소방대와 같은 공공 기관일뿐이라는 의식을 심어 줄 것이다.
- 국제연합과 같은 국제기구와 다른 모든 기관의 지원을 통해 국가에 대한 개인의 보편적 권리를 보호할 것. 오늘날 (그리고 틀림없이 가까운 미래에도) 이런 기구들은 많은 결함을 가지고 있어, 강대국들의 (예를 들어 미국의) 결정적인 뒷받침이 있어야만 제대로 일을 할 수 있다. 하지만 강대국들은 우리의 뜻과는 상관없이 자신들의 직접적인 이해관계에 따라 행동한다. 따라서 초국가적 권력은 앞으로 오랜 기간 국가들의 회의기구라기보

다 일종의 제국과 유사한 모습이어야만 한다. 지구상의 모든 주민이 직접 선출하는 세계의회는 아직 바랄 수 없다 할지라도 말이다.

제2차 세계 대전 당시 영국 수상을 역임한 윈스턴 처칠은 이렇게 말한 바 있다. "국가 간에는 친구가 없다. 이해관계가 있을 뿐이다." 따라서 초국가적 권력의 임무는 일종의 국가 간의 이해관계에 입각한 우정을 수립하는 데 있다.

- 전쟁에 대한 경제적 관심을 야기하는 무기의 수출 및 거래를 효과적으로 통제할 것.

- 18세기 이후 유럽과 북아메리카에서 발전한 혁명적 근대화의 이념에 따라 모든 나라를 경제적, 정치적, 교육적으로 발전시킬 것. 한마디로 인권 존중과 민주적 태도를 널리 확산시킬 것. 이를 통해서만 이른바 '주권국가'가 역사적으로 보여 준 비합리적이고 불행한 한계를 극복할 수 있다. 문화와 생활양식의 다양성은 당연히 존중되어야 하지만, 민주적 개인주의의 원칙을 공공연하게 침해하는 종교적 광신이나 민족적 광신은 억제되어야 한다. 혁명적 근대 세계의 진보는 '모든 사람을 위한 좀 더 발전된 기술'뿐만 아니라, '모든 사람을 위한 민주적 시민권'도 보편적으로 확대해야 한다.

반군국주의는 예수 재림 이후의 천년왕국을 기다리는 일과는 다르다. 광신주의를 길들인다고 하더라도 지구상에 곧장 행복한 시대가 도래하지는 않는다. 불의와 거짓과 재난과 범죄는 틀림없이 계속 존재할 것이다. 오늘날 우리가 이루어 낸 현대 국가에서도 그런 것처럼 말이다.

하지만 자유로운 정신은 – 전체주의 국가와 획일화에 반대하는 정신은 – 그러한 악이 계속 존재하리라는 사실을 인정해야 한다. 명령을 통해 악을 억제하려는 방식은, 인간의 자유도 억압할 것이다. 인간의 자유는 좋은 일과 나쁜 일을 모두 행할 수 있다는 데 있다. (심지어 오늘은 나쁘게 보이다가 내일은 좋게 보이는 일도 있을 수 있다.) 오늘날의 인간 사회가 군대에 예속되어 호전적이 되는 일은 피해야 한다. 어떻게 될지 지켜보기로 하자. 이 혐오스러운 세상에 불만이 많은 사람은 직접 질소나 아니면… 무기에 의탁하면 되겠지. 유감스럽다만 더 나은 해결책을 말하려 한다면 네게 거짓말을 하는 셈일 테니까 말이다.

톨스토이

전쟁이란 무엇인가? 군사 활동에서 성공을 거두려면 무엇이 필요한가? 군인의 윤리란 무엇인가? 전쟁의 목적은 살인이다. 전쟁 도구, 간첩 행위, 배반, 주민들의 파멸, 군수품을 공급하기 위한 약탈과 절도, 전략이라고 부르는 사기와 거짓, 이런 것들이 바로 군사활동을 성공시키는 데 필요하다. 그리고 군인의 윤리는 규율이라고 불리는 자유의 결여, 나태, 무지, 잔인함, 방탕, 음주벽이다. 그럼에도 군인은 모든 사람으로부터 존경받는 최고위층에 자리하고 있다.

중국의 군주를 제외하면 모든 군주가 제복을 입고 있으며, 가장 많은 사람을 죽인 자에게 가장 커다란 상이 수여된다. 앞으로도 민족들은 서로를 죽이기 위해 충돌할 것이다. 서로를 때려죽이거나 수많은 사람들을 불구로 만들고는 그토록 많은 사람을 죽이게 되어 감사하다는 예배를 올릴 것이다. 살해한 사람의 숫자를 과장하고, 승리의 나팔을 불어 대고, 사람을 많이 죽일수록 더 공적이 크다고 확신할 것이다.

_레오 톨스토이, 『전쟁과 평화』

"퐁텐, 내가 가장 놀랍게 여기는 것이 무엇인지 아시오? 무엇인가를 유지하는 데에는 무력이 아무 효력이 없다는 사실이오. 이 세상에는 무력과 지력, 두 가지 힘밖에 없소. 그러나 장기적으로 보면 언제나 지력이 무력을 이기는 법이오."

_나폴레옹 보나파르트

인간은 인류의 이름으로 전쟁을 벌일 수는 없다. 왜냐하면 적어도 이 지구상에는 인류의 적이 없기 때문이다. 인류라는 개념에는 적이라는 개념이 배제되어 있다. 적도 역시 인간일 수밖에 없으며 특별한 차이가 없기 때문이다. 아무도 이 단순한 진리를 반박할 수 없다. 인류의 이름 아래 전쟁을 벌이는 행위는 단지 정치적인 의미를 지닐 뿐이다. 어떤 국가가 인류의 이름 아래 적국과 싸운다 하더라도, 그것은 인류의 전쟁이 아니라 한 국가가 적국에 맞서 인류라는 보편적인 개념을 독점하여 (적국의 희생 위에) 스스로를 그 개념에 일치시키려는 것일 뿐이다. 그것은 평화와 정의, 진보와 문명이라는 개념을 오용하여 자신의 편에 그 독점권을 요구하고 적에게서는 그것을 박탈하려는 시도와 마찬가지다.

_카를 슈미트, 「정치의 개념」

전쟁에 대한 유일한, 결정적인 해결책은 국제적인 모든 분쟁을 합법적으로 해결할 수 있을 만큼 강력한 초국가를 만드는 것이다. 그런데 세계를 모두 포괄하는 초국가는 세계의 모든 부분이 서로 긴밀하게 연결되어 있어 그중 어느 한 부분도 다른 부분의 운명과 무관하지 않을 때에만 가능하다.

_버트런드 러셀, 「정신과 물질과 도덕의 사전」

전쟁은 늘 있어 왔고, 앞으로도 있을 것이라고 사람들은 흔히 말한다. 이러한 경험적 예측은 논리적으로 완전히 잘못되었다. 이것이 근본적으로 올바른 진리가 되기 위해서는 우주와 인간의 본성이 언제나 동일하다는 전제가 있어야 한다.

나는 "과거의 모든 인간이 죽었으므로, 미래에도 모든 인간은 죽는다"라는 말을 자신 있게 할 수 있다. 왜냐하면 미래의 모든 인간도 우리와 같은 종자에서 태어난 생식기관을 가진 동물이고, 죽지 않는 기관을 가지고 태어나지는 않을 것이기 때문이다. 이와 다른 존재는 인간이 아니다. 하지만 고대의 누군가가 "아버지들은 항상 맏아들을 희생했으니까, 앞으로도 계속 그렇게 한다"라고 말했다면, 이 예언은 잘못된 것이다. 왜냐하면 맏아들을 희생시키는 일은 생식메커니즘의 필연적인 결과가 아니기 때문이다. 죽음이 삶의 본성이 아닌 것처럼, 맏아들을 희생시키는 일 역시 아버지의 본성이 아니다. 인류는 그러한 희생 없이도 살아남을 수 있다. 그런 희생이 없으면 더 잘 살아남을 수 있다.

_조지 산타야나, 『지배와 권력』

8

자유,
인간을 인간답게 만들어 주는 것

자유로부터의 도피

자유로운 민주 사회에서 산다는 것은 정말이지 아주 복잡하고 골치 아픈 일이다. 20세기에 나타난 대규모의 전체주의는 - 공산주의, 파시즘, 나치즘 등 - 현대 사회의 복잡성을 강제로 단순화시키려는 시도라고 할 수 있다. 태초의 근원적인 위계질서로 되돌아가서, 모든 사람이 각자의 자리를 지키고, 어머니인 대지나 보편적인 거대한 전체에 소속되고자 하는 시도는 엄청난 착오, 그것도 범죄적인 착오였다.

전체주의 사회의 적은 항상 동일하다. 사회적 통일성이라는 보호의 울타리를 무너뜨리고 너무 많은 자유를 가지고 싶어 하는 개인, 이기적이고, 뿌리가 없고, 변덕스러운 개인이 그의 적이다.

전체주의자들은 지극히 개방적인 정부 체제에서 나타나는 '형식적이고 부르주아적인' 자유를 항상 비웃는다. 그들은 자유를 조롱하고, 그것이 착오임을 입증하려 하고, 얼치기 사기 행각이라고 여긴다. 하지만 그들이 그렇게 할 수 있다면, 그것을 없애 보라고 해라! 아주 취약하고 무력해 보이는 정치적 자유가 전체주의적 평등과 공존할 수 없다는 사실을 그들은 잘 알고 있다. 자유를 허용하면, 장기적으로는 이 자유가 탱크와 경찰의 지배를 종식시키게 될 것이라는 사실을 말이다.

전체주의 국가가 개인의 자유를 소멸시키려 하고, 시민들과 권력을 나누려 하지 않는 것은 이런 의미에서 당연한 일이다. 하지만 자유의 적은 외부만이 아니라 우리의 내부에도 있다. 사회학자의 성향을 가진 정신분석학자 에리히 프롬은 약 80년 전에 『자유로부터의 도피』라는 의미심장한 제목의 무척 흥미로운 책을 썼다. 바로 이것이 문제다. 시민에게 자유란 곧 불안, 다양한 선택 가능성과 유혹, 그리고 그가 저지를 수 있는 실수와 착오를 의미한다. 자유 앞에서 시민은 확고한 항로가 없는 의혹의 바다에 내던져져, 홀로 결정을 내리고, 가치를 선택해야만 한다. 무엇을 해야 할지 스스로 시험해 보아야 하는 어려움을 겪어야 한다. 전통이나 신이나 지도자의 지혜가 이 짐을 덜어 주지는 못한다.

시민들은 특히 다른 사람들의 자유에 불안을 느낀다. 자유의 특징은 어떤 일이 벌어질지 아무도 확신할 수 없다는 데 있다. 다른 사람의 자유는 내게 위협으로 느껴진다. 그래서 우리는 다른 사람들이 완벽하게 예측 가능하게 되고, 강제로라도 우리와 비슷하게 되어, 결코 우리의 이해관계와 대립하지 않기를 바란다. 자유로운 사람은 당연히 스스로 선택한 선행을 베풀거나 악행을 저지른다. 이보다는 차라리 강제로라도 그들을 선하게 만드는 편이 낫지 않을까? 그들에게 자유를 허용하는 건, 너무 커다란 위험을 감수하는 일이 아닐까? 다른 모든 사람에게 자유가 없다면, 자신의 자유도 기꺼이 포기할 사람이 많을 것이다. 그렇게 되면 모든 일이 필연에 따라 진행되고, 그것으로 만사 오케이다.

나의 자유도 그것을 잘못 사용하면 나 자신에게 손해를 입힐 수 있다는 점에서 매우 위험하다. 그러니 나에게 해롭게 사용될 가능성이 다분한 다른 사람의 자유는 말할 것도 없지. 이런 커다란 불안에 종지부를 찍는 편이 낫지 않을까? 통치자들만이 개인의 자유를 박탈하거나 극도로 제한하려고 하는 것은 아니다. 이렇듯 시민들이 자유에 지치거나 겁이 나서, 통치자의 억압을 요구하는 경우도 비일비재하다.

하지만 우리가 '우리의 행복을 위해' 자유를 제한할 수 있는 기회를 국가에 주게 되면, 국가는 이 기회를 철저하게 이용한다. 아돌프 히틀러 같은 몇몇 전체주의적 독재자들은 선거에 의해 권좌에 올랐다. 자유로운 시민이 자신의 자유를 이용하여 자유를 배척하거나, 민주주의적 과반수를 이용하여 민주주의를 철폐하는 일이 벌어진 것이지.

"마음껏 짖어 대라지, 곧 조용해질 테니까."

　시민의 자유는 항상 책임을 그 전제로 한다. 이것은 우리가 『윤리, 최대한 쉽게 설명해 드립니다』에서 그것에 합당한 존경심을 바쳤던 개념이었다. 아직 기억하고 있으리라 믿는다. 책임을 진다는 말은 자신이 한 일을 인정하고 이에 대해 답변할 수 있다는 뜻이다. 이러한 답변은 최소한 두 가지 중요한 태도를 포함해야 한다. 첫째, 이런 혹은 저런 결과를 초래한 일에 대해 (좋은 결과이거나 나쁜 결과이거나 또는 동시에 둘 다이거나) 누가 한 일이냐고 다른 사람들이 물을 때 "나입니다"라고 말할 수 있어야 한다. 둘째, 사람들이 왜 그런 일을 했느냐고 물을 때 이유를 설명할 수 있어야 한다. '답변하기'는 - 네게 굳이 설명할 필요도 없겠지만 - '말하기'이며, 말하기는 다른 사람들과 언어적으로 의사소통하는 것을 뜻한다. 민주주의 사회에서는 어떤 행동을 하는 사람이 진리를 독점하는 것이 아니라 이 행동이 사회의 다른 구성원들과의 열띤 토론을 불러일으킨다. 자신의 행동에 아무리 훌륭한 이유가 있다 하더라도 자신의 울타리 안에 머물지 않고, 다른 사람의 견해를 들을 준비가 되어 있어야 한다. 그럴 준비가 되어 있지 않으면 비극이나 광기로 나아가게 된다.

　스페인의 모험가이자 작가인 세르반테스가 쓴 소설의 주인공 돈키호테는 스스로를 '방랑기사'라고 믿었다. 그는 마땅히 주변 사람들의 의견에 귀를 기울여야 했고, 자신의 의심적은 '영웅적 행위'가 사회에 끼친 영향을 스스로 평가해야 했다. 하지만 그는 그렇게 하지 않았기 때문에 미친 사람, 즉 무책임한 사람이 되어 버렸다. 자신의 행위를 인정하고, 다른 사람들에게 그 정당성을 제시하는 것이 곧 개인적인 의견을 완전히 포기하고 다수의 의견에 복종하라는 뜻은 결코 아니다. 책임 있는 개인이라면 자신이 생각하는 정당한 이유를 제시했는데도 주변 사람들이 자신의 주장을 받아들이지 않을 경우, 자신의 사회적 이탈에 대한 대가를 - 검열이나 형벌 같은 - 감수할 각오를 해야 한다.

플라톤의 대화편 『크리톤』에 그려진 소크라테스의 태도는 - 그는 친구의 탈옥 권유를 거부하고, 자신의 생각을 포기하기보다는 차라리 사형을 당하려 한다 - 최고로 원숙한 시민적 태도의 고전적인 모범이라고 할 수 있다.

세상에는 수많은 종류의 무책임한 사람들이 있다. 우선 자신이 한 이런 혹은 저런 행동을 인정하지 않고, "내가 그렇게 하려고 한 것이 아니라 상황이 그렇게 만들었다"고 말하는 사람들이 있다. 자신의 뜻이 아니라, 정치 체제나 경제 체제가 그래서 부득이하게, 광고에 현혹되어서, 다른 사람을 따라 하다 보니까, 그렇게 교육을 받았거나 또는 교육을 받지 못해서, 불행한 유년을 보내서, 또는 응석받이로 자라나서, 상사의 명령을 따를 수밖에 없어서, 일반적 관습이 그래서, 격정을 억누를 수 없어서, 또는 우연에 의해 그렇게 되었다는 식이다. 아니면 몰라서 그랬다고 변명하기도 한다. 내 행동이 그런 결과를 가져올지 몰랐기 때문에 내게는 책임이 없다는 것이다.

물론 어떤 사람의 행동을 완전히 이해하려면 그 사람의 살아온

내력이나 상황을 고려해야만 한다. 하지만 그런 것을 고려하는 일과, 자신의 행동을 운명의 탓으로 돌려 개인이 자신의 행동에 책임질 수 있는 가능성을 배제하는 일은 전혀 별개의 문제다.

실제로 자신의 행동의 주체가 되기를 거부하고, 상황에 예속된 단순한 객체로 변신하는 경우는 행동의 결과가 별로 좋지 않을 때만 나타나는 현상이다. 이와 반대로 훈장이나 상을 받을 만한 행동을 했을 때는 누구나 즉시 "내가 했습니다"라고 당당하게 나선다. 영웅적인 행동이나 천재적인 발명을 두고 사람들이 칭찬할 때, 자신이 한 일이 아니라 상황이나 우연의 탓이라고 말하는 사람은 거의 없을 게다.

무책임의 또 다른 형태는 광신주의다. 광신자는 모든 설명을 거부한다. 자신의 진리만 설교하려 들 뿐, 이를 토론하려 하지 않는다. 광신자는 자신만이 옳다고 확신하기 때문에 누군가가 그에게 질문을 제기하면 저속한 본능이나 더러운 이해관계에서 비롯된 의심이라고 비난한다. 혹은 악마가 눈을 멀게 해서 빛을 볼 수 없게 만들었다고 주장한다. 또 광신자는 자신의 행동에 대해 이웃에게 책임질 필요가 없으며, 검증이 불가능한 최고 재판정 – 신, 역사, 민족 등 – 앞에서만 책임지면 된다고 생각한다. 주위의 의견이나 세상의 법 따위는 자신과 같이 중요한 소명을 실현해야 할 사람에게는 해당 사항이 아니라는 것이다.

이보다 덜 폭력적이긴 하지만 훨씬 널리 퍼져 있는 무책임은 사람들이 **관료주의적**이라고 부르는 무책임이다. 이런 무책임은 특히

❖ — 민주 사회에서는 시민들이 자신의 권리를 요구할 수 있어야 하고, 또 요구해야만 한다. 사회의 일에 개입하고, 협력하고, 감시하고, 필요하다고 판단될 때 협조하는 것은 우리의 의무이다.

정부와 사회의 행정 기관에서 흔히 찾아볼 수 있다. 이곳에서는 어느 누구도 자신이 어떤 일을 행하거나 행하지 않는 것에 대해 책임지려고 하지 않는다. 그들은 언제나 이렇게 말한다. 다른 사람이 담당자다, 다른 부서 관할이다, 위에서 결정한 사항이다(그런데 그 위가 누구인지는 절대로 알려 주지 않는다), 아랫사람들이 지시 사항을 잘못 이해했다. (때로는 실제로 자신의 업무를 제대로 이해하지 못하는 사람이 어떤 자리에 굴러들어 가는 경우도 있지만, 이것 또한 언제나 저 위에 있는 진짜 책임져야 할 사람을 찾아내지 못하게 하기 위한 것이다).

관료주의적 무책임의 특징은 어떤 일이 일어나더라도 – 정치적 부패, 장관의 무능력, 시민들의 세금으로 보상할 수밖에 없는 공직자의 실책, 사회적 해악을 척결하겠다는 약속의 불이행 등 – 거의 아무도 자리에서 물러나려 하지 않는다는 것이다. 권력을 쥔 자들은 책임지지 않기 위해 제도망을 이용해서 처벌을 모면할 온갖 방안을 궁리해 낸다. 권력 남용이나 오용에 대한 모든 비판은 — 아무리 정당한 근거가 있을지라도 — 정적들의 선동으로 매도된다. 언론 매체를 통해 표출되는 서민들의 분노에 대해서는 다음과 같은 낡은 원칙이 적용된다. "마음껏 짖어 대라지, 곧 조용해질 테니까." 정부의 이러한 무책임을 조장하는 근본 원인은, 자신에게는 아무 책임이 없다고 생각하는 일반인들의 사고방식이다. 이들은 모든 문제를 해결해야 할 책임이 결국 정부에 있다고 생각한다.

여기서 우리는 국가와 그 대표자들을 절대적인 존재로 만들고, 국가 외에는 아무에게도 권력이 없다고 하는 전체주의적 사고방식과 다시 만나게 된다. 민주 사회에서는 시민들이 자신의 권리를 요구할 수 있어야 하고, 또 요구해야만 한다. 사회의 일에 개입하고, 협력하고, 감시하고, 필요하다고 판단될 때 협조하는 것은 우리의 의무이다.

예를 들어 외국인이 우리말을 모른다고 불평하기보다는 그들에게 우리말을 가르치는 사람들이 있다. 자신의 여가 시간을 바쳐서 말이다. 또 자원봉사를 하거나 기부금을 내고 사회운동 단체(교육운동, 인종차별반대운동, 구제 사업 등)에 참여하거나, '엠네스티(국제사면위원회)', 인권단체, '국경 없는 의사회' 등과 같이 시민사회의 개선에 필수적인 비정부기구NGO에 참여하는 사람들도 있다.

사회에 필요하다고 생각되는 일을 실천하는 민주적 의식, 이를 지니지 않은 사람이 '정부'가 아무것도 하지 않는다고 큰소리로 불평한다 해서 책임을 면제받을 수는 없다. 각자의 삶은 개인이 책임질 일이지만, 범죄나 재난 등으로 이어질 수 있는 우리 주변의 사회적 상황을 막지 못한 데 대한 사회적인 공동 책임도 우리는 마땅히 인정할 줄 알아야 한다.

모든 금지를 금지해!

자유의 가장 커다란 적은 책임감이 없는 사람들이다. 그것을 의식하고 있건 그렇지 않건 간에 말이다. 책임지려 하지 않는 사람은 자유를 거부하는 사람이다. 자유는 의무와 분리시켜 생각할 수 없기 때문이다. 자유란 자기 책임을 뜻한다.

따라서 우리는 경찰, 의사, 심리학자, 교사 또는 성직자를 곁에 두고 매번 자기가 무엇을 해야 할지 알려 달라고 하든지, 아니면 스스로 결정을 내리고 좋든 나쁘든 그 결과와 대면할 수 있어야 한다. 자유롭다는 것은 곧 자신의 자유를 사용함에 있어 실수를 할 수도, 자신에게 해를 입힐 수도 있음을 뜻하기 때문이다. 자유롭기 때문에 나쁜 일이나 불쾌한 일은 생길 수 없다는 생각은, 자유롭지 못한 데에서 생겨나는 것이다.

18세기 중엽 근대 민주주의의 싹을 틔운 계몽사상은 ─ 노년의 이마누엘 칸트가 지적했듯이 ─ 인간이 정치적 미성년 상태에서 벗어남을 전제로 한다. 성년이 되었다면 법 앞에서 평등하고 자유로운 인간이 되어야 한다. 그렇지 못하면 우리를 우리 자신으로부터 보호해 주고, 자유롭게 행동할 수 있는 우리의 능력을 제한하고, 다스리고, 관리하는 초월적인 아버지를 필요로 하게 된다.

이 초월적인 아버지의 자리를 기꺼이 떠맡으려 하고, 이 칭호를 얻기 위해 수단을 가리지 않는 후보자가 하나 있다. 이미 눈치 챘을 테지만, 그건 바로 국가다. 국가를 우리를 위한 기관이 아니라 아버지로 여기려 하는 관료주의적 충동을 **온정적 부권주의**라고 부른다. 이는 동등한 권리를 지닌 성숙한 인간으로서 국가에 다가가기보다는, 어린애처럼 국가를 두려워하고 응석을 부리려 하는 사람들의 사고방식을 일컫는 말이다.

책임감이 없는 미성숙한 사람에는 두 가지 유형이 있다. 다른 사람들을 두려워하는 사람과 자기 자신을 두려워하는 사람, 이 두 유형 모두 금지가 많을수록 더 안심하고 만족스러워한다. 국가를 위대한 아버지로 생각하기 때문에 "우리를 유혹에 들게 하지 마옵시고"라고 나름의 방식으로 국가에 기도하고 간청한다. 스스로 책임질 줄 모르는 사람들은 (멋지지만 위험한 일인) 자유보다는 **저항할 수 없는 유혹**의 신화를 믿기 때문이다. 그들은 이미지, 언어, 물질, 음모, 그 밖에 온갖 것이 저항할 수 없는 힘을 가지고 – 자발적으로 결정을 내리는 모든 능력을 파괴하여 방어가 불가능할 정도로 – 자신들을 유혹한다고 믿는다.

따라서 그들에게 유일한 구원은 국가라는 아버지가 유혹을 금지해 주는 것뿐이다. 이 가엾은 사람들은 국가가 유혹을 방치하면 위험이 계속된다고 믿는다. 앞에서 말했듯이 이런 사람들은 어린애와 같다. 그들은 여기에 해결할 수 없는 두 가지 문제가 있음을 전혀 알지 못한다. 첫째, 유혹이란 금지하고 배척할수록 더 매혹적으로 느껴진다. 우리를 가장 많이 자극하고 유혹하는 금단의 열매가 단순히 금지된 것이 아니라 엄격하게 금지되어 있는 경우, 그 유혹이 얼마나 클지 상상해 보렴! 두 번째 문제는 유혹의 대상이 각자가 지닌 개인적 환상에 따라 다르다는 사실이다. **한 개인**이나 그의 가족에게 문제가 되는 유혹을 **모든 사람**에게 금지해서야 되겠니?

언젠가 라디오의 한 대담 프로그램에 슬롯머신에 빠져 있는 어떤 부인이 출연해서 자신이 도박에 중독되었다고 자랑스럽게 말하던 일이 생각난다. 그 부인은 카페 안의 슬롯머신이 그녀를 끌어당기는 거역할 수 없는 힘에 대해, 음악이 울려 나오고 돈이 쏟아질 때의 흥분에 대해 이야기했다. 이 선량한 부인은 '강도 같은 기계'에 전 재산을 털어 넣어 알거지가 되었다고 분노를 터뜨리며 "이 고약한 기계를 금지해야 해요!"라고 고함을 질렀다. 그리 똑똑해 보이지 않는 사회자도 "도박을 그만두시지요"라고 말하는 대신에 그 부인의 의견에 전적인 지지를 보냈다. 많은 사람들이 슬롯머신이 있는 카페에 가지만, 도박을 하지 않거나 또 하더라도 기분 전환 삼아 단지 푼돈만 걸 뿐이다. 하지만 이 부인은 그녀 자신이나 자신처럼 의지가 약한 사람들에게만 문제가 되는 이 기계를 세상 전체에 금지해야 한다고 주장했다. 자신의 무책임한 중독증이 아니라 멍청한 기계에 모든 죄를 돌리려는 것이지.

이런 예는 무수히 많다. 사회적으로 가장 심각한 영향을 미치는 것은 바로 마약이다. 마약을 금지하고 없애 버리려는 전 세계 차원의 십자군 전쟁이 시작되자, 마약은 금세기 최고의 엄청난 사업이 되었다(유혹만큼 경제적으로 많은 이득을 가져다주는 상품은 없다). 마약과 관련된 범죄가 기하급수적으로 증가하고 마약을 암거래하는 양심 없는 사람들, 검사를 받지 않은 이 불결한 약품을 과다 복용하여 죽는 사람들(아스피린을 복용하면서 그 알약 속에 아세틸살리실산이 얼마나 들어 있는지, 마약 성분인 스트리키니네나 시멘트 같은 이물질이 들어 있지는 않은지 전혀 알지 못한다면, 어떤 일이 생길지 상상해 보아라), 권태로운 일상에서 탈출하기 위해 금지된 천국과 지옥을 갈망하는 경박한 사람들이 점점 늘어났다.

차라리 마약을 합법화하여 범죄에서 풀어 주고 (이렇게 되면 마피아의 마약 사업은 끝장날 것이다) 마약을 사용하거나 특히 남용하면 어떤 결과가 초래되는지 과장 없이 솔직하게 사람들에게 알려 주는 쪽이 더 효과적이지 않을까? 1920년대에 알코올을 국가적으로 금지한 미국의 금주법이 어떤 결과를 초래했는지 생각해 보아라. 그전까지 알코올은 술 취한 사람들에게만 문제였다. 그런데 금주법이 공포되자 이 문제 외에 알 카포네라는 또 하나의 문제가 덧붙여졌다.

유혹은 금지해서 물리칠 수 있는 것이 아니다. 금지는 유혹을 더 강화할 뿐이다. 게다가 금지는 자유를 올바로 사용할 줄 아는 사람, 자유를 남용하지 않고 제대로 활용할 줄 아는 사람들에게까지 손해를 끼친다. 자신의 주변에 있는 모든 것(화학, 에로티시즘, 정치, 종교, 그 밖에 무엇이든지 간에)을 이용해서 스스로를 파멸시키거나 자신의 죄를 벌하는 사람들은 언제나 있기 마련이다. 우리가 생각할 수 있는 유일한 대안은 자유로운 개인에게 절제와 이성을 가르쳐 주는 일뿐이다. 억압적인 사회가 아니라 성숙한 사회를 원한다면 말이다. 어떤 사람이 7층에서 뛰어내렸다고 해서 1층짜리 건물만 지어서야 되겠니?

민주주의 사회에서 더불어 산다는 것

이제 '관용'이라는 지극히 어려운 문제에 대해 이야기할 때가 왔다. 관용은 내가 자유와 책임에 대해 네게 말했던 내용과 직접적인 관련이 있다. 현대 민주주의 사회에서 '살고 있다'는 말은, 우리가 거부하는 관습이나 행동 양식과 '더불어 산다'는 것을 의미한다. 내가 강조하고자 하는 바는 '더불어 사는 것'이나 '거부하는 것' 모두 민주적이라는 점이다. 먼저 '더불어 사는 것'부터 시작해 보자.

문화적·사회적인 관점에서 볼 때 만장일치 즉, '우리 모두가 한뜻이다(우리는 여기서 이렇게 살고 있다. 싫으면 꺼져라)', 인종 청소, 혼혈과 새로운 생활양식에 대한 불안 등은 모두 야만의 한 형태다. 더 심하게 말해서 야만의 잔인한 형태다.

민주적 공동체는 출생 환경과 전통, 그리고 혈연의 강요에서 벗어날 수 있는 개인들로, 어제까지 신성시되던 관례를 오늘은 수정할 수 있는 협약으로 만들 수 있는 개인들로 이루어진 공동체다. 이 공동체에서는 우리를 함께 묶어 주는 과거의 기억과 현재의 경험이 더 이상 존재하지 않을까? 아니다. 결단코 그렇지 않다. 나는 우리가 스스로 선택하지 않은 것에 의해 규정되고 제한되어서는 안 된다는 사실을 강조하고 싶을 뿐이다.

민주적 관점에서 볼 때 우리 모두는 공통점을 가지고 있다. 그것은 출생의 속박에서 벗어나 새로운 결합과 제의와 신화를 선택할 수 있는 가능성이다. 다소 낯선 표현을 용서하기 바란다. 하지만 여기에 근본적인 문제가 자리 잡고 있다. 현대 민주주의 사회에서는 다양한 현실이 단 하나의 토대 위에 놓여 있다. 이 유일한 토대가 바로 법이다. 추상적이고, 형식적이고, 협의에 의해 만들어지고, 인권을 존중하고, 의무를 규정하는 법이 민주주의의 초석이다. 민주주의에서는 의사 결정이 다수결로 이루어지지만 다수에 의한 법이 곧 민주주의는 아니다. 만일 다수가 흑인과 불교 신자의 정치 참여를 금지한다면 이것은 결코 민주적 결정이라고 할 수 없다. 고문이나 성차별이나 - 많은 민주주의 국가에서 여전히 존재하는 - 사형제도를 다수가 찬성하는 경우도 마찬가지다.

민주주의는 의사 결정의 방법 외에도 결코 철회할 수 없는 몇 가지 기본 원칙을 내포하고 있다. 즉 소수의 의견을 존중하고, 개인의 자율성과 존엄성과 생명을 최대한 존중해야 한다는 것이다.

민주 사회는 법의 토대 위에서 다양한 생활 방식을 허용한다. 이러한 생활 방식의 다양성(신념, 성적인 행동 방식, 예술 및 스포츠에 대한 취미 등)이 민주주의의 법률에 정면으로 위배되는 행동까지 정당화하는 것은 아니다. 예를 들어 나는 여성의 흡연이나 투표권이나 자동차 운전을 금지하는 종교에 가입할 수 있는 권리가 있다. 하지만 여성의 흡연과 투표권과 자동차 운전을 막을 수 있는 권리는 없다. 또 출생, 가문, 인종에 의거하여 강제로 소속되어야 하는 특별한 공동체를 민주 사회 안에 만들어, 그에 속한 여성들의 흡연이나 투표권, 자동차 운전을 강제로 금지할 권리도 없다. 민주 사회에서 우리는 우리가 동의하지 않는 생활양식이나 이념과 함께 살아가는 법을 배워야만 한다.

하지만 이것이 민주주의의 합법적인 원칙 자체를 직접적으로 침해하는 행동까지 용납함을 뜻하지는 않는다. 개인적 신념과 생활 방식을 보호해 줄 것을 민주주의에 요구하려면, 우선 우리의 신념과 생활 방식이 민주주의의 틀 안에 있어야 한다. 프랑스의 현대 철학자 뤼크 페리의 말을 빌리면, "민주주의 아래에서 개인의 차이를 요구할 수 있는 권리가 차별의 권리를 요구하기에 이르게 되면, 그것은 더 이상 민주주주의가 아니다".

행복은 정치의 문제가 아니야

그렇다면 거부는? 단언컨대 거부는 세상에서 가장 합법적이고 민주적인 권리이다. 다른 사람에게 관용을 베푸는 것은 좋은 일이다. 하지만 그 사람의 생각이 잘못되었는데도 그가 옳다고 말하는 건 안될 일이다. 이웃과 토론하고, 비판하고, 때로는 그의 의견을 조롱하는 것만큼 우리의 인간성을 강화하고, 우리에게 고무적인 자극을 주는 일은 없다. 이 고약한 구절을 읽으면서 너는 틀림없이 이렇게 말할 것이다. "하지만 전에 우리는 다른 사람의 의견과 신념을 존중해야 한다는 데 의견 일치를 보지 않았던가요?" 결코 그렇지 않다. 절대적인 존중을 받아야 하는 것은 그의 인격(시민으로서의 권리)이지, 그의 의견과 신념이 아니다.

물론 자신의 신념과 자신을 동일시하여 그 신념이 자기 몸의 일부를 이룬다고 생각하는 사람들이 있다는 사실도 잘 알고 있다. 이들은 발걸음을 옮길 때마다 "내 신념을 손상했어!"라고 외쳐 댄다. 마치 버스 안에서 누군가가 고의로 그의 발을 밟기라도 한 것처럼 말이다. 하지만 그가 지나치게 예민한 건 그의 사정이지, 다른 사람의 문제가 아니다. 상대방에게 불쾌한 말투로 반론을 제기하는 태도는 예의 바르지 못한 행동이기는 하지만, 이것은 교양의 문제이지 결코 범죄는 아니다. 정말 고약한 일은 신념을 '손상당했다'고 느끼는 사람들이 자신에게 마음의 상처를 준 사람들에게 그 보복으로 육체적 손상을 입힐 권리가 있다고 믿는 경우다.

인도계 영국인 작가 살만 루시디가 겪고 있는 일이 바로 이런 경우에 해당한다. 그가 쓴 책에 이른바 신을 모독하는 글이 몇 페이지 들어 있다는 이유로 이슬람교도 광신자들은 그에게 사형선고를 내렸다. 그래서 그는 그 이후로 지금까지 숨어서 지내고 있다. 이 일에 대해 중립적 입장을 취하는 척하면서 이렇게 말하는 사람들이 있다. "사형선고까지 내린 것은 너무 심한 일이다. 하지만 루시디도 이슬람교도의 신념을 손상하지 말았어야 했다. 그들에게는 자신들의 교리를 존중하라고 다른 사람들에게 요구할 권리가 있으니까." 이거야 말로 헛소리다! 어떤 사람의 신념을 '손상하는 것'과 누군가의 목을 칼로 베는 일이 같다는 말인가! 이웃 사람의 신념을 무시하지 말라는 교양의 문제가 정신 나간 박해자로부터 살해당하지 않을 수 있는 권리와 같은 차원의 문제라는 말인가!

민주주의의 중요한 특징인 표현의 자유는 두 가지 경우에만 제한될 수 있다. 첫째는 개인에 대해 박해를 하자거나, 합법적인 생계 수단을 빼앗자고 선동하는 경우다. 둘째는 시민의 사생활을 보호하기 위한 경우다. 공적인 위치에 있는 사람이라고 할지라도 사생활만큼은 보호받을 권리가 있다. 알 권리가 있다고 해서 개인의 사생활까지 폭로하는 행위는 정당화될 수 없다. 모든 것을 다 알아야 할 권리는 없다는 말이다. 그 밖에는 모든 표현이 허용되어야 한다. 하지만 공적인 문제에 대한 토론에서는 신중하게 처신하는 편이 현명한 일일 게다.

예를 들어 **낙태** 문제가 이런 경우에 해당한다. 낙태는 당연히 아주 많은 논란거리를 안고 있는 문제다. 낙태를 결정해야 하는 사람들이 느끼게 되는 고민은 충분히 이해할 만하다. 그런데 어떤 주장은 문제를 해결하는 데 기여하기는커녕, 오히려 합리적인 토론을 방해하기만 한다. 태아도 인간이므로 태아는 매우 중요한 가치를 지닌다고 말한다면 합리적인 토론이 가능하다. 하지만 낙태는 '어린애를 살해하는' 행위라고 말한다면, 분노의 비명이 토론을 대신하게 될 것이다. 달걀이 곧 암탉은 아니듯이, 태아는 분명 어린애와 다르다.

낙태를 '영아 살해'라고 말하는 건 '암탉 두 마리로 만든 달걀 오믈 렛'을 먹었다고 주장하는 것만큼이나 지나친 과장이다.

이런 식의 주장을 통해서는 다양하고 복잡한 오늘날의 사회에서 필수적으로 요구되는 의미 있는 결론에 결코 이를 수 없다. 하지만 이것은 단지 개인적인 신중함의 문제일 뿐이다. 어떤 의견을 거부할 권리는 누구도 침해할 수 없는 권리라고 나는 믿고 있다. 하지만 다른 사람의 의견을 금지할 권리는 누구에게도 없다.

강제적인 만장일치가 아니라 자유에 근거를 두고 있는 민주주의 사회는 인류 역사에서 가장 갈등이 많은 사회일 수밖에 없다. 어떤 것이 자신에게 가장 적합한지 그리고 그 이유가 무엇인지 숙고해야 하고, 과거와 단절하거나 새로운 생각을 추구해야 하고, 당면한 일과 이것을 가장 잘 실천할 사람을 선택해야 하고… 모든 개인이 이런 문제로 끊임없이 노고를 아끼지 않아야 하다니 이 얼마나 힘든 일이냐! 이 얼마나 엄청난 책임이란 말이냐! 사람들은 아마 네게 이렇게 말할 것이다. "많은 자유가 우리에게 가져다준 결과가 도대체 뭐지? 조금 덜 자유롭다면 오히려 더 행복하지 않을까?"

정치로부터 우리가 요구할 수 있는 것은 정치적인 해결책뿐이고, 행복은 정치의 문제가 아니라는 것이 내 생각이다. 정부는 어느 누구도 행복하게 만들어 줄 수 없다. 정부는 다만 우리를 불행하게 만들지 않으면 된다. 이것은 정부가 그리 어렵지 않게 할 수 있는 일이다. 정치적 열광이 분출되는 시대에는 – 예를 들어 혁명의 시대에는 – 근본적인 변혁이 공동체의 문제뿐만 아니라 개인의 소원까지도 모두 해결해 주리라고 사람들은 기대한다. 하지만 그런 일은 결코 일어나지 않기 때문에 사람들은 정치에 환멸을 느끼고, 대변혁의 물결은 깊은 불만의 흔적만 남기게 된다.

우리는 인생을 살 만한 가치가 있는 것으로 만들어 주는 행복을 작은 것들에서 찾는 법을 배워야 한다. 행복은 거창한 정치적 계획과 거의 상관이 없을 뿐만 아니라, 부라든가 재산이나 골동품을 모으는 일과도 별 상관이 없다. 이 장의 끝에 인용한 아르헨티나의 시인 보르헤스의 시 한 편이 내 말의 의미를 네게 잘 전해 줄 테니까, 나는 일화 하나를 소개하는 것으로 이 장을 마치고자 한다.

프랑코의 쿠데타로 단명하게 끝나 버린 스페인 제2공화국의 대통령이었던 마누엘 아사냐에게 누군가 이렇게 물은 일이 있다. "돈 마누엘, 당신은 정말로 자유가 인간을 더 행복하게 해 준다고 생각하십니까?" 그러자 아사냐는 이렇게 대답했다고 한다. "솔직히 말해서 잘 모르겠소. 다만 내가 확신하는 것은 자유가 인간을 더 인간답게 만들어 준다는 사실이오."

알렉시스 드 토크빌

정부가 나의 즐거움이 방해받지 않도록 항상 치안력을 동원할 준비가 되어 있고, 내가 걱정할 필요가 없도록 모든 위험을 미리 제거해 준다면, 결국 어떻게 될까? 정부가 내가 지나는 길목에 떨어진 가시를 아주 작은 것까지 없애 주면서, 동시에 내 자유와 내 삶을 완전히 지배한다면 어떻게 될까? 정부가 모든 움직임과 존재를 전적으로 규정하여, 정부가 움직이지 않으면 어떤 것도 움직이지 않게 된다면 어떻게 될까? 정부가 잠자면 모두가 잠자고, 정부가 사라지면 모두가 멸망해 버린다면 어떻게 될까?

_알렉시스 드 토크빌, 『미국의 민주주의』

자신의 삶에서 의미를 느끼지 못하는 사람들은 과거나 미래에서 의미를 찾으려 한다. 이 때문에 인종이나 민족과 관련된 영광되고 종교적으로 신비화된 과거가 많은 사람들에게 중요한 의미를 지니게 된다. 또 이 때문에 우리의 후손, 우리 당, 우리 민족, 심지어 전 인류의 미래가 정치와 구원 종교에서 사람들에게 중요한 의미를 지니게 된다.

_미국의 정신병학자 토머스 사스, 『길들여지지 않은 혀』

그렇소, 마라 선생
그들에게는 이것이 혁명이오
치통을 앓으면
이를 뽑아 버리고
수프가 타 버리면
화를 내며 더 나은 스프를 요구하고
남편의 키가 너무 작다고 생각하는 여자는
키가 더 큰 남편을 바라고
어떤 사람에게는 너무 끼는 신발이
옆집 사람에게는 편안해 보이고
시구가 떠오르지 않는 시인은
절망적으로 머리를 쥐어짜고
낚시꾼은 여러 시간 낚싯대를 물에 담그고 있는데
물고기는 미끼를 물지 않고
그래서 그들은 혁명에 이르게 되는 거요

혁명이 그들에게 모든 것을

물고기를

신발을

시를

새로운 남자를

새로운 여자를 안겨 주리라는 믿음에서

감옥으로 돌진하지만

그들은 그 자리에 그대로 있고

다른 모든 것도 예전 그대로지요

타버린 수프

형편없는 시구

침대에는 냄새나고 시들한

똑같은 파트너

우리를 진흙탕으로까지 이끌었던

그 모든 영웅적 행위는

모자에나 쑤셔 박아 두라지

모자가 하나 더 있다면 말이오

_페터 바이스, 『사드 후작의 지도 아래 샤랑통 병원의 연극 그룹이 공연한
장 폴 마라에 대한 박해와 살해』

자유로운 정부란 시민에게 해를 입히지 않고 평안과 안정을 주는
정부를 말한다. 그러나 이것은 아직 행복과는 거리가 멀다. 행복은
인간이 스스로 만들어 내야 한다. 평안과 안정을 누리는 것으로 자

신이 완벽하게 행복하다고 여기는 사람은 영혼이 둔감한 사람임에
틀림없다.

_스탕달, 『연애론』

볼테르처럼 즐거이 자신의 정원을 가꾸는 사람.
세상에 음악이 있다는 것에 감사하는 사람.
단어의 어원을 발견하고 기뻐하는 사람.
남국의 카페에서
조용히 체스를 두는 두 회사원.
아마도 그의 마음에 들지 않을 이 글을
멋지게 조판하는 인쇄공.
어떤 서정시의
마지막 연을 읽는 남녀.
잠자는 동물을 쓰다듬어 주는 사람.
자신에게 손해를 끼친 사람을 옹호하거나
옹호하고 싶어 하는 사람.
스티븐슨이 세상에 살고 있다는 것에 감사하는 사람.
다른 사람들이 옳다고 기꺼이 말하는 사람.
서로를 알지 못하는 이 모든 사람들이 세상을 구원한다.

_보르헤스, 「의로운 사람들」

과거를 알고, 현재에 전념하며, 미래에는 조금만 신경 쓰는 삶

유토피아는 없다

이런 일이! 유토피아에 대해 아직 네게 한마디도 말하지 못했는데, 벌써 마지막에 이르다니!

아마도 너는 내가 첫 페이지부터 젊은이들은 '유토피아주의자'가 되어야 한다고 장광설을 늘어놓으리라고 예상했을 것이다. 하지만 전혀 그렇지 않다. 또 젊은이들이 호연지기를 마음에 품고 있고, 이상주의적이며, 제복과 폭력을 싫어한다는 등의 청춘 예찬으로 네게 아첨할 생각도 전혀 없다. 그렇다고 요즘 젊은이들이 우리 때 젊은이들과 달리 세상을 개혁하려는 의지도 없고 단지 좋은 직장을 얻어 돈이나 벌려고 한다는 등의 헛소리로 네 귀를 귀찮게 하려는 것도 아니다. 젊은이들 안에도 많은 종류의 사람들이 있기 마련이니까

216

말이다.

아우슈비츠 수용소나 부헨발트 수용소를 감시했던 나치 친위대원들은 대부분 열여덟 살이나 열아홉 살이었다. 반면에 톈안먼天安門 광장에서 중국 정부의 탱크에 대항해 자유를 요구했던 사람들, 또 가난한 나라에 봉사자로 파견되기를 자원하는 사람들도 역시 같은 나이의 청년들이다.

흔히 말하는 젊은이들의 '대담성'은 아직 아무런 책임도 지지 않고, 다른 사람들의 보살핌을 받는 것에 익숙한 데에서 나오는 대담성일 때가 많다. 젊은이들의 저 유명한 '반항'도 연장자들이 빨리 자리를 비워 주기를 바라는 버릇없는 아이들의 발버둥일 경우가 많지. 물론 힘과 용기를 다하여 가족을 부양하는 젊은이들도 있고, 자신들을 노예로 만들려 하는 낡은 체제의 불의에 분개하는 젊은이들도 있다.

아무튼 나는 찬양하기 위해서든, 비난하기 위해서든 '젊음'이란 단어를 항상 입에 달고 다니는 사람들을 믿지 않는다. 이런 사람들은 젊은이들을 이해하지 못하는 바보이거나, 젊은이들에게서 무언가를 얻어 내려고 거짓말을 하는 악당들이다.

나는 어른이나 심지어 노인과 마찬가지로 젊은이들의 의무도 배우는 데 있다고 생각한다. 배움이 부족한 사람은 갑자기 좋은 생각이 떠올라도 이것을 제대로 실현할 수 없고, 미사여구로 포장된 간계와 진실한 개혁 의도를 쉽게 혼동한다. 그렇다면 유토피아는? 그것은 무슨 말을 해야 할지 모르면서 좋은 인상만 심어 주려 하는 사람들이 맨 먼저 보이는 반응이다.

폴란드의 현대 철학자 레셰크 코와코프스키는 어디에서 살고 싶으냐는 질문을 받았을 때 다음과 같이 재치 있는 대답을 했다고 한다. "맨해튼의 매디슨가 교차로와 파리 샹젤리제 거리에 있는 호숫가의 높은 산속 깊은 원시림 안의 작고 조용한 시골 도시." 무슨 말인지 알겠지? 이것이 바로 유토피아다. 이 세상에 존재하지 않는 곳 말이다. 유토피아를 실현하지 못하는 것은 우리의 용기와 대담성이 부족해서가 아니라 그것이 맞추어지지 않는 조각들로 이루어진 퍼즐과 같기 때문이다.

정치 분야만 보더라도 모든 바람직한 이념과 발전은 그리 바람직하지 못한 결과들을 대가로 요구하기 마련이다. 자유는 평등을 방해하고, 정의는 감시와 강압을 강화하고, 산업 성장은 환경을 훼손하고, 법적 권리는 범죄자들이 형벌을 모면할 수 있게 해 주고, 의무교육은 국가의 프로파간다에 이용되는 식으로 말이다. 현실 정치에서는 어떤 것도 전적으로 이익만 가져오는 경우는 없다.

모든 것이 반대급부로 손해를 요구하기 마련이다. 이것을 분명히 깨달아야 한다. 칵테일을 원하는 대로 제대로 만들고 싶으면, 그 성분을 잘 배합할 줄 알아야 한다. 아무리 맛있는 것이라도, 한 성분만 너무 많이 집어넣으면 좋지 못한 결과에 이르게 된다.

유토피아란 우리의 이상 가운데 어느 하나가 ─ 정의, 평등, 자유, 자연과의 조화 등 ─ 지배하면서도 해로운 반대급부를 치르지 않는 정치적 질서를 말한다. 결국 유토피아는 어리석은 정치 계획에 불과하다.

젊은이들에게 유토피아야말로 그들 나이의 전형적인 동경의 대상이라고 말하면서 이것을 실천하라고 권하는 사람이 있다면, 그는 젊은이들을 바보로 여기고 있는 셈이다. 이것을 강요한다면 더 나쁜 일이고. 유토피아적인 요구로 가득 차 있던 20세기의 전체주의 체제들은 그러한 사실을 명백하게 보여 주었다. 몇몇 사람들의 아름다운 꿈이 다른 모든 사람들에게 악몽이 되었던 것이다.

따라서 나는 네가 텔레비전 연속극에 탐닉하지 말았으면 하는 만큼, 유토피아에 관심을 가지라고도 권하지 않을 작정이다. 그 대신에 네가 정치적 이상을 갖게 되기를 바란다. 유토피아는 정신을 편협하게 만들지만, 정치적 이상은 정신을 개방적으로 만들어 준다. 유토피아는 너로 하여금 아무 행동도 하지 못하게 만들거나, 절망적인 폭력으로 나아가게 한다. (우리가 바라는 것에 현실이 결코 미치지 못하기 때문이다.) 하지만 이상은 우리의 참여 의욕을 자극하여 우리를 부단히 능동적으로 만들어 준다.

도덕적, 미학적, 종교적, 혹은 다른 이상들은 일단 접어 두고 ─ 모든 일에는 나름의 특성과 이상이 있기 마련이다 ─ 오직 정치적 이상에 대해서만 이야기하겠다. 정치적 이상을 어떻게 식별할 수 있을까? 정치적 이상들은 결코 서로 배타적이어서는 안 된다. 정치적 이상들은 모두 부작용을 가지고 있기 때문에 서로 조화를 이루어야 한다. (앞 단락을 다시 읽어 보아라.) 정치의 특성은 칵테일처럼 여러 가지 성분들을 잘 배합하고, 좋은 것이라고 할지라도 그 정도를 제한할 줄 아는 데 있다. 어떤 환자를 낫게 한 약도 다른 환자에게 과잉 처방하면 그 환자의 상태를 악화시킬 수 있다.

정치적 이상은 인간의 본성이 아니라 인간의 사회를 개선하려 한다. 다시 말해 인간이 아니라 인간이 살고 있는 공동체의 제도를 개선하려는 것이다. 더 나은 사회에 살기 위해서는 우리 자신을 개선해야 한다고 말한다면, 그것은 좋다. 하지만 비록 우리가 아직도 여전히 맹수나 수전노와 흡사하다고 할지라도 법률이나 정부가 우리의 문제를 해결하는 데 도움을 주고, 우리에게 덜 파괴적인 행동을 제안하도록 하는 것은 유익한 일이다.

유토피아는 '새로운 인간'을 창조한다는 광적인 생각에 빠지는 것을 말한다. 반면에 정치적 이상은 기존의 인간이 좀 더 잘 인내하고, 책임을 더 잘 지도록 만들고, 더 잔인하게 되지 않도록 도와준다. 너무 순응주의적이라는 느낌이 들지도 모르겠다. 하지만 순응주의자란 적당한 정도에서 타협하고 그 너머를 바라보려고 하지 않는 사람인 반면에, 정치적 이상주의자는 그 일이 쉽지 않고 우리가 결코 만족해서는 안 된다는 사실을 알면서도, 가능한 것을 실현하려고 노력하는 사람이다.

모든 정치적 이상은 진보적이다. 진보적 이상은 과거에 훌륭하다고 여겨졌던 수준에 도달했다고 만족하는 데 그치지 않고 더 많은 이상적 요구를 향해 나아가게 한다. 이것은 아주 좋은 일이다. 그래야 정치가들이 시민들의 요구에 대해 "전에는 상황이 훨씬 더 나빴습니다"라고 말할 때, "바로 그렇기 때문에, 지금 더 많은 것을 요구하는 것입니다"라고 시민들이 큰 소리로 대답할 수 있기 때문이다. 물론 정치적 이상은 단연코 합리적이다. 정치적 이상은 역사적 경험과 과학적 진보를 고려하고, '신성하고 불변적인' 것을 변혁한 지난 시대의 혁명들을 계승한다. 반계몽적 몽상가들로부터 우리를 해방한 볼테르의 후예로서 말이다!

세상을 저주하는 바보는 되지 마라

이 책의 많은 부분에서 과거의 일들만 이야기했다는 생각이 든다. (때로는 너무 먼 과거라서 이야기를 하기 위해 상상력에 의존하기도 했다.) 앞으로 다가올 미래에 대해서는 거의 아무것도 이야기하지 않았다. 왜 그랬는지 알겠니? 미래에 대해서는 아는 게 없기 때문이다. 게다가 미래의 시민은 당연히 나보다는 너일 테니까, 미래를 만들어 나갈 기술에 대한 열광, 양극화된 냉전의 종식, 과거의 거창한 세계관을 대신할 무수히 많은 작은 개선책들… 이 모두는 나보다는 네게 속한 것이다.

나는 우리가 '어디로 갈 것인가'에 대해서가 아니라, 우리가 '어디에서 왔는가'와 '왜 여기에 이르렀는가'에 대해 들려주고 싶었다. 나머지는 모든 시대가 그래 왔던 것처럼 새로이 만들어 가야 한다. 많은 사람들이 예측을 하지만, 정해진 것은 아무것도 없다. 항상 그랬듯이 앞으로도 우리가 뜻하지 않은 혼란스러운 일들이 수없이 많이 일어나리라 나는 확신한다. 미래에도 대부분의 '영리한 사람들'은 그런 일들이 생길 줄 잘 알고 있었다고 수줍은 척하며 뻐길 것이다. 너는 내게 이렇게 말하겠지. "하지만 우리는 미래를 생각해야 해요. 미래에 일어날 일은, 지금 우리가 무슨 일을 하고 있느냐에 달려 있으니까요."

네게 한 가지 충고를 하겠다. 내일 수확하고 싶지 않은 것을 오늘 씨 뿌리지 마라. 후에 더 많은 자유를 얻기 위해 지금 억압을 행하지 마라. 미래의 어느 날 폭력에서 벗어나기 위해 지금 폭력을 설교하지 말고, 진실에 도달하기 위해 거짓을 수단으로 사용하지 마라.

알베르 카뮈가 했던 말을 네게 다시 한번 상기시켜 주고 싶다. "목적이 모든 수단을 정당화하는 것은 아니다." 과거를 잘 알고, 현재에 조금 더 전념하여, 미래에는 조금만 신경을 쓰는 편이 더 낫다. 그 반대의 경우는 거짓 예언에 불과하다.

이 책에서 내가 나의 견해를 솔직하게 밝혔다는 사실만은 너도 인정할 것이다. 나는 가능한 한 참여적인 태도를 취했다. 결코 조심스럽고 냉정하고 객관적이 되려고 하지 않았다. 내가 만약 그랬다면, 너는 나를 당연히 비웃었을 게다. 나는 내가 품고 있는 정열을 감출 수 없다.

한 가지 걱정되는 건 혹시 내가 나를 둘러싸고 있는 상황들과 타협하고, 수치스럽게도 기존 질서에 만족하고 있는 듯한 인상을 주지 않았을까 하는 점이다. 만일 그랬다면 그것은 네 앞에서까지 남의 관심을 끌려고 할 필요가 없었기 때문이다. 네게 고백하건대(멍청이들이 우리 이야기를 듣고 있지 않으니까 하는 말이지만), 나는 삶 자체와 친숙하게 지내기는 하지만, 지금의 삶과 친숙한 것은 아니다. 나는 파시즘에 가까운 권태롭고, 잔인하고, 편협한 독재 치하에서 태어나 젊은 시절의 대부분을 그 체제 아래에서 보냈다. 지금 나는 군주제 아래에서 살고 있지만, 적어도 21세기의 국가에 어울리는 체제는 공화제라는 생각을 한 번도 포기한 적이 없다.

나는 민족주의를 혐오하는데(바스크족 사람으로서 내게는 그럴 만한 두 가지 이유가 있다), 도처에서 민족주의가 확산되어 가고 있는 현상을 보고 있다. 나는 이성이 문명의 가치를 보편적으로 확산시키는 수단이라고 믿지만, 결국 이성도 최악의 곤궁과 범죄에 종지부를 찍지는 못한다는 사실을 가슴 아프게 확인하고 있다. 나는 인간이 자유 안에서 각자 자기의 기호와 위험을 책임져야 한다고 믿지만, 내 주위에서는 건강이니 품위니 안정이니 하는 명목 아래 국가의 통제가 강화되어야 하고 새로운 금지 사항을 만들어야 한다는 요구밖에 들려오지 않는다.

나는 개인주의자이지만, 결코 (이 단어의 어원인 그리스어의 의미에서) '바보 idiot'는 아니다. 그런데 세상에서 도피하려 하고 세상을 저주하는 바보들을 '개인주의자'라고 부르는 것을 거듭 목격하게 된다. 어떻게 해야 할까? 슬픔에 빠져 주저앉아 버릴까? 천만에. 내가 해야만 했던 일은, 너를 위해 이 책을 쓰는 것이었다. 네게 이것을 말해 주고 싶었다, 내 아들, 사랑스러운 내 아들아, 너도 이제 마침내 역사의 기차를 타야 할 때가 되었다는 사실을….

작별의 말

"우리를 활동하게 하는 목표와 이상은 상상력에서 생겨난다. 그러나 상상력은 상상의 물질로 이루어진 것이 아니다. 그것은 물리적이고 사회적인 경험의 세계에 존재하는 견고한 물질에서 생성된 것이다."

_존 듀이, 「공동의 신념」

자유로운 개인들의
사회적 연대를 위하여

인간 사회에서 정치는 우리 모두의 중대한 관심사이자 우리에게 커다란 영향력을 미치는 활동이다. 하지만 안타깝게도 인간이 정치에 관심을 쏟는 동기와 정치가 인간에게 미치는 영향 대부분이 부정적일 때가 많다. 정치는 탐욕과 착취, 갈등과 투쟁, 억압과 박해, 변절과 배신, 음모와 술수, 폭력과 살인, 내란과 전쟁 등 인간사에서 가장 비극적인 일들이 펼쳐지는 무대가 되어 왔고, 또 앞으로도 그럴 것이다.

정치가 인간에게 강요하는 또 하나의 불행은 아무리 마음속에 선의를 품고 있는 인간이라 할지라도 정치라는 무대에서 벌어지는 비극적 사건들에서 결코 자유로울 수 없다는 점이다. 수양산에서 굶어죽은 백이와 숙제의 고사나 초기 기독교도들이 겪은 가혹한 박해는 이해관계에 의해 좌우되는 현실 정치와 무관하게 살아가려 하는 순수한 사람들이 오히려 정치권력의 가장 커다란 희생자가 되고 마는 인간 사회의 불행한 현실을 여실히 보여 준다. 정치는 '사회적 동물'인 인간의 피할 수 없는 운명이다.

운명을 극복하는 최선의 방법은 주어진 운명에 능동적으로 대처하여 자기 운명의 주인이 되는 것이다. 근대 계몽사상에 바탕을 둔 민주주의의 정치적 이상은 이러한 사고방식에 입각하여 생겨났다. 민주주의란 개인과 사회의 안녕과 행복을 더 이상 절대적 권위를 지닌 하늘에 계신 아버지 신이나 국가의 아버지인 국왕의 자비와 은총에 내맡기지 않고, 모든 시민이 인간의 보편적 이성에 바탕을 둔 자유와 책임에 의거하여 자신의 운명과 사회의 주인이 되게 하려는 정치제도를 뜻한다.

문제는 모든 인간이 자기 운명의 주인이라고 하는 민주주의의 이상적 인간관과 우리가 현실에서 경험하는 실제의 인간 사이의 괴리가 너무나 크다는 데 있다. 또 모든 시민이 그 사회의 주인이라고 하는 시민사회의 이상은 아무도 자신의 행위가 수반하는 사회적 책임을 지려하지 않는 주인 없는 사회를 초래하여, 시민들이 갈등과 혼란, 불안만을 느끼게 할 위험성을 다분히 지니고 있다. 바로 이것이 지금 우리나라의 민주주의가 처해 있는 상황이 아닌가 한다.

민주주의의 정치적 이상은 개인의 자발성에 토대를 둔 사회적 연대에 있다. 이것이 가능하려면 개인 안에서 자유와 책임이 하나로 결합되고, 사회 안에서 합리적 토론과 관용을 기대할 수 있는 성숙한 정치 문화가 필요하다. 한 사회의 정치 문화가 성숙하기까지는 많은 희생과 고통, 그리고 이에 대한 깊은 자기 성찰이 따라야 한다. 정치 문화의 성숙은 그 사회가 지닌 경제력이나 과학기술, 학문의 수준과는 별개의 역사적 경험에 달려 있다.

민주주의가 정착되는 과정에서 영국과 프랑스는 국왕이 단두대에서 처형되는 등 수차례에 걸친 내란과 혁명을 경험해야 했고, 시민혁명이 한 번도 성공하지 못한 독일은 두 차례에 걸친 세계 대전에서 패하는 쓰라린 고통을 겪은 후에야 성숙된 시민사회로 진입할 수 있었다. 반면에 시민혁명의 경험이 없을 뿐만 아니라, '고작' 한 번의 패전만을 경험한 일본은 고도의 경제력에도 불구하고 여전히 사회적 결속력의 상당 부분을 집단주의에 의존하고 있으며, 이로 인해 주변국들에 심각한 우려를 안겨 주고 있다.

우리나라의 경우 지난 150년간의 근대화 과정에서 봉건제에 맞서 싸운 동학혁명, 식민주의 세력과 맞서 싸운 독립 투쟁, 독재 체제와 맞서 싸운 민주화 운동을 거치며 수많은 희생과 고통을 겪은 후 최근에 와서야 참된 의미에서의 민주주의가 미약하나마 뿌리를 내리기 시작했다. 그러나 민주적 정치제도는 정착되었지만, 이를 뒷받침할 민주적 정치 문화는 아직 찾아보기 어렵다. 정치가들은 과거의 상처를 치유하고 미래의 전망을 제시하는 본연의 책임을 망각하고 탐욕스러운 집단 이기주의에 영합하는 무분별한 선동을 통해 갈등을 증폭시킴으로써 기득권을 유지하는 데 연연하고 있으며, 투명하고 예측 가능한 합리적 원칙이 아닌 혈연과 지연, 인맥과 학맥이라는 '커넥션'을 바탕으로 한 사회의 지배 구조는 민주적 시민사회의 초석인 개인의 자유와 책임에 커다란 장애가 되고 있다. 시민들의 깊은 정치적 관심도 참된 의미에서의 정치적 참여라기보다는 오히려 정치적 소외의 결과일 뿐이다. 이에 따라 정치 문화의 발전에 기여하기는커녕, 오랜만에 친지들이 모인 명절날의 식탁에서 고성이 오가게 하여 편견과 독선으로 인한 사회적 갈등이 사적인 영역까지 침범하고 있다.

'지배적 권위'는 사라져 가고 있지만 '합리적 권위'는 아직 자리잡지 못한, 가치와 권력의 과도기 상황에서 이제 우리는 '과연 민주주의란 무엇인가?'에 대해 다시 한번 진지한 질문을 던져야 한다. 이는 무엇보다도 우리의 아이들이 살아갈 사회의 현실과 미래에 대해 진지하게 성찰하고 이에 관해 아이들과 이야기를 나누려 하는 부모들이 자문해 보아야 할 당면한 과제이기도 하다.

이 글을 읽는 부모들 중에는 자라나는 청소년을 위한 책에서 우리 사회의 어둡고 추한 모습을 들추어낸다고 필자에게 분노를 터뜨릴 사람이 있을지도 모르겠다. 하지만 우리 사회의 '영악한' 청소년들은 우리 어른들만큼이나, 아니 어른들 이상으로 우리 사회의 실상을 잘 알고 있다. 중학교 졸업식에서 국회의원상을 받게 된 딸에게 의례적으로 "축하한다"는 말을 던졌다가 "아이들이 뇌물로 받은 돈으로 주는 상이라고 놀려대서 아무도 받고 싶어 하지 않는 상이에요. 가문의 수치로 생각하세요"라는 대답을 듣고 말문이 막혔던 적이 있다.

청소년들은 인간 삶의 가장 훌륭한 스승인 '체험'을 통해 이미 잘 알고 있다. 어른들이 규정해 놓은 정답과 실제의 사회가 다르다는 사실을. 학교가 자신들을 민주 시민으로 교육하는 곳이라기보다는 냉혹한 무한 경쟁 사회의 산물인 입시 전쟁의 도구이며, 자신들은 이 왜곡된 사회 구조의 희생자라는 사실을. 반장에 당선되려면 민주적 리더십보다 개인적 인기와 당선 후 급우들에게 정기적으로 햄버거를 돌릴 수 있는 정도의 부모의 재력이 필요하며, 그 대가는 참된 의미에서의 우정과 명예가 아니라 개인적 특권과 패거리의 이익이라는 것을. 어느 패거리에 끼지 못하면 집단주의 사회의 무서운 형벌인 '왕따'라는 가혹한 처벌을 받게 되는 현실을. 민주 교육의 장소인 학교 내에서 민주 사회의 기본권인 종교의 자유조차 허용되지 않을 수 있으며, 이에 항의하기 위해서는 목숨을 건 단식까지 각오해야 함을. 이 모든 책임은 어른들에게 있지만, 그들은 결코 책임지려 하지 않으므로, 이 사회에서 생존하려면 영악해져야 한다는 사실을.

잊지 말아야 할 것은 이처럼 '영악한 생존'을 강요하는 것이 개인과 사회의 줄다리기에서 사회가 궁극적으로 승리를 거두는 방식이라는 사실이다. 영악함을 강요함으로써 사회는 인간을 고립시켜 왜곡된 현실을 끊임없이 확대 재생산하는 도구나 부품으로 만든다. 절대적이고 영원한 존재로 둔갑한 사회는 인간으로 하여금 사회는 원래 인간들 사이의 협약의 산물이며, 인간이 힘과 지혜를 모아 개선해 나갈 수 있는 것이라는 사실을 잊게 만든다. 따라서 '영악함'이란 결국 주인을 노예로 만들고, 자신이 원래 주인이라는 사실조차 잊게 만드는 교묘한 사회적 장치에 농락당하는 것이다.

이 책의 저자 페르난도 사바테르는 "바보가 되지 마라!"라는 말로 '영악함'을 강요하는 사회에 농락당하지 말 것을 충고한다. 여기에서 '바보idiot'란 말은 고대 그리스인이 정치에 무관심한 사람들을 지칭하던 'idiótes'라는 단어에 그 어원을 두고 있다. 이 단어는 다른 사람들에게 공유할 가치가 있는 아무것도 내놓지 못하고, 그저 사소한 집안일로만 머리가 가득 차서 고립된 삶을 살아가는 사람들, 하지만 결국 이로 인해 정치를 주무르는 사람들에게 마음대로 조종당하는 사람들을 가리키는 말이다. 이 책에서 사바테르는 우리 인간이 각자 고립되어 살아가는 것이 아니라 공동체 안에서 함께 살아간다는 근본적인 사실에 대해, 권력과 조직, 상호 협동, 강자에 의한 약자의 착취, 다른 사람과 다르게 살아갈 권리, 전쟁과 평화, 평등, 복종과 반항의 이유에 대해 이야기하고 있다. 이 쉽지 않은 주제들을 인간의 본성에 대한 깊은 통찰과 풍부한 역사 지식을 바탕으로 설명하여, 자연스럽게 '인간이란 무엇이며, 또 사회란 무엇인가'에 대한 이해로 이끈다. 이를 통해 저자는 민주주의 체제에서 시민 개개인이 그 사회의 주인이라는 사실이 무엇을 뜻하는지 깨닫게 하려는 이 책의 의도를 자연스럽게 성취하고 있다. 이해한다는 것은 주인이 됨을 의미하기 때문이다.

외국 문학을 연구하고 소개하는 일을 천직으로 삼아 온 탓에 그동안 적지 않은 책을 번역해 세상에 내놓았다. 환갑의 나이를 훌쩍 넘겨 머지않아 정년을 앞둔 시기를 맞아 그동안 번역해 내놓은 책 중에서 앞으로도 두고두고 사람들이 읽어 주었으면 하는 책이 어떤 책인지 생각해 보았다. 숙고한 끝에 사바테르의 두 권의 책『윤리, 최대한 쉽게 설명해 드립니다』와『정치, 최대한 쉽게 설명해 드립니다』라는 결론을 내렸다. 인간에게 가장 중요한 문제인 개인적 삶과 사회적 삶의 의미에 대해 깊이 있고 폭넓게, 더불어 간결하고 명료하게 다룬 이 두 권의 책이야말로 내 아이들이, 그리고 또 이들의 아이들이 풍요로운 삶을 꿈꿀 수 있게 도울 것이며, 그들에게 자신들이 살아갈 사회를 바람직한 방향으로 개선해 나갈 지혜와 용기를 주리라고 믿기 때문이다.

섬세한 감수성과 풍부한 지성, 게다가 넉넉한 인품까지 지닌 사람을 만나 대화한다는 것은 인생에서 누릴 수 있는 가장 커다란 기쁨 중 하나이다. 이 책을 번역하면서 역자가 누린 이 기쁨을 많은 독자들과 공유하게 되기를 바란다. 끝으로 인간의 삶이 지니는 불멸의 가치를 내게 항상 확인시켜 주는 내 두 딸 소연과 소희, 두 손주 예린과 예준, 그리고 영악하지 못한 남편을 언제나 따스한 눈길로 격려해 주고, 생활의 빈자리를 깊은 인내심과 이해심을 가지고 채워 주는 아내에게 감사와 사랑을 전하며, 이 책의 가치를 깨닫고 새로운 모습으로 세상에 내놓기로 한 이화북스의 노고에 깊은 감사의 인사를 전한다.

안성찬

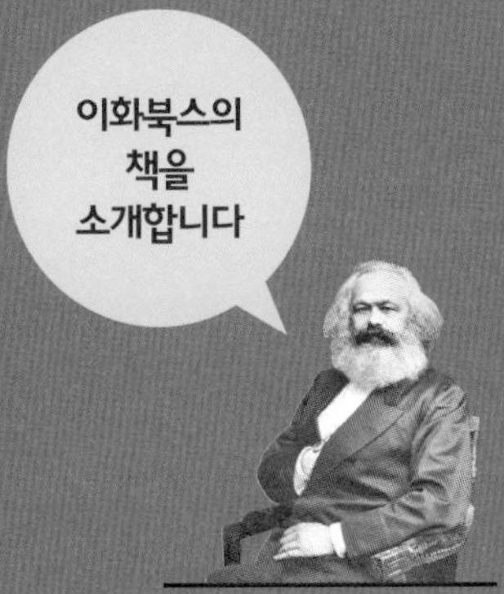
이화북스의
책을
소개합니다